Imagine viver em um mundo onde não existe o Erro, mas compreensão, entendimento e respeito...

Imagine a ausência de superior e inferior...

Esse mundo de empatia existe, e você está prestes a descobri-lo.

Carllos Florêncio

TUDO CERTO!

O ERRADO NÃO EXISTE!
Descubra a origem e livre-se da culpa, da discriminação e da intolerância.

2ª edição

PHVida editora

São Paulo, 2025

ORGANIZAÇÃO DE PROJETO: Vinícius Almeida
PRODUÇÃO EDITORIAL: RLDA
REVISÃO DE TEXTO: Rebeca Lacerda
ARTE DE CAPA: Vitor Donofrio
PROJ. GRÁFICO: Rebeca Lacerda

Texto de acordo com as normas do Novo Acordo Ortográfico da Língua Portuguesa (1990), em vigor desde 1º de janeiro de 2009.

Dados Internacionais de Catalogação na Publicação (CIP)
Angélica Ilacqua CRB-8/7057

Florêncio, Carllos
Tudo Certo!: O Errado não existe! Descubra a origem e livre-se da culpa, da discriminação e da intolerância. / Carllos Florêncio. – 2. ed. - São Paulo : PHVida editora, 2025.

ISBN 978-65-81058-01-2

1. Técnicas de autoajuda 2. Autoconhecimento 3. Autoconsciência 4. Desenvolvimento pessoal 5. Sucesso I. Título

24-0414 CDD 158.1

Índice para catálogo sistemático:
1. Técnicas de autoajuda

Rua João Moura, 465 – Pinheiros
São Paulo (SP) – 05412-001
www.phvidaeditora.com.br | contato@phvida.com.br

PHVida editora

Dedico esta obra ao amor
que sinto pela humanidade.

INTRODUÇÃO

Existe uma maneira de ser e de agir capaz de tornar você um agente favorável a si mesmo, à vida e a tudo o que existe.

Durante os muitos anos de minha atuação como terapeuta, tenho observado em alunos e pacientes muitas reclamações e muitos conflitos em sua relação com a *vida real* e com as expectativas de uma *vida ideal*. Percebi uma incrível dificuldade das pessoas em saber se relacionar consigo mesmas, com a vida e com os outros, com padrões altamente prejudiciais a qualquer indivíduo cujo objetivo é ter uma relação, de fato, harmoniosa. No entanto, foi diante desse caos que vi a necessidade de desvendar uma espécie de código *Inconsciente*, oculto, cuja ausência de percepção sobre sua existência gera uma cegueira capaz de restringir e limitar a vida de qualquer pessoa. Esse código, embora muito simples, é real e guarda uma força imperceptível. Defini, então, minha missão, baseado no seguinte pensamento:

A vida nos deu um corpo para que possamos nos conduzir, uma mente para analisar e decidir e emoções para sentir, mas não nos deu o manual de como utilizar tudo isso nem a assistência técnica para saber reparar os próprios danos. Então, a grande busca da vida é descobrir como funcionamos para desenvolver a Consciência.

A partir desse pensamento, conduzi minha carreira como terapeuta, e já são mais de trinta anos dedicados a essa missão. Sempre apresento esse pensamento nos meus treinamentos e tenho o interesse e a preocupação de conduzir e ensinar os meus clientes a atingir resultados favoráveis por meio do cumprimento das metas estabelecidas com eles, pois conquistas são atingidas por meio de ações que contribuem diretamente para a expansão positiva do potencial humano de vida. Essa é a base do meu método chamado Potencial Humano de Vida – PHVida.

Considero a vida um *Processo* constante de ensino e aprendizado. Somos uma potência, uma força expressa na condição humana, por meio da qual aprendemos a desenvolver as nossas capacidades a partir das experiências que vivemos e a nos conhecer na relação com nós mesmos e com o nosso meio.

A expressão dessa força de vida é capaz de criar, realizar e transformar. Ela agrega poder e desenvolve liderança pessoal. Em contrapartida, quando desequilibrada, torna a pessoa alienada e presa, contribuindo para uma série de entraves e obstáculos.

Na vida, estamos sempre liderando ou sendo liderados por alguma coisa, e o que define esse poder é a *Consciência*. Por isso, a via do autoconhecimento sempre será favorável a todos que pretendem desenvolver-se positivamente. Seguindo essa proposta de conhecimento, como pesquisador e estudioso sobre o sentido da vida, refleti sobre algumas verdades que aprendemos a aceitar sem questionar. Então, deparei-me com hábitos comuns incorporados nas atitudes de quem age involuntariamente, contribuindo para conflitos e isolamentos.

A partir dessa análise de comportamento, notei que as pessoas diretamente envolvidas com esse padrão *Inconsciente* não tinham noção da sua força, do quanto podia prejudicá-las nas suas relações e do quanto esse padrão as condicionava e as afastava do princípio de integração, característica e função primordiais nos seres humanos que querem saber viver em sociedade.

Conforme fui me envolvendo e me aprofundando no conceito do *Tudo Certo*, as coisas começaram a se ajustar e se tornaram cada vez mais claras, leves e fáceis de administrar. No entanto, as pessoas se tornavam mais confusas para mim! Revelou-se nelas uma falta de domínio e autoridade interior percebida em comportamentos e atitudes desequilibrados. Assim, mostravam-se perdidas e dominadas pelos seus pensamentos e suas emoções. Entretanto, o pior era o seguinte: ninguém sabia ou tinha *Consciência* plena de o quanto estava amarrado!

A partir disso, movido por essa inspiração que brotava constantemente na minha mente, ingressei em uma das mais importantes aventuras da minha vida: a descoberta desse código, que estava perdido à sombra de um dos grandes conflitos do ser humano – questão que tratarei em detalhes mais adiante. Esse código é capaz de influenciar diretamente as pessoas e é um dos principais responsáveis pela desunião de famílias e nações.

NOTA DO AUTOR

Durante a minha vida, sempre questionei o porquê da nossa existência e, movido por esse interesse, comecei a minha pesquisa sobre os fatores que regem o *Processo* da vida, sua razão e sua finalidade. Assim, passei a considerar alguns acontecimentos aparentemente normais como *inusitados*, intrigantes e não apenas como meras e simples experiências.

Querendo ajudar na resolução de conflitos, embora soubesse que o conflito faz parte do crescimento, percebi interferências e barreiras que, de alguma forma, prejudicavam os objetivos das pessoas.

Devido a esses questionamentos, desvendei alguns princípios, preconceitos e conceitos acerca da nossa natureza capazes de interferir gravemente nas relações interpessoais. Embora eu sentisse que essa descoberta é favorável ao bom desenvolvimento do ser humano, sabia que iria encontrar diversas resistências, paradigmas mentais contrários e rejeições ao revelar essa nova maneira de interação da pessoa consigo mesma e com suas experiências de vida.

Eu iria atingir o ponto que as pessoas mais protegem: suas referências que, ilusoriamente, dão a sensação de segurança e autoafirmação. Resolvi aceitar esse desafio. Para isso, utilizei minhas percepções e meus conhecimentos provenientes das minhas formações e os empreguei na comprovação da minha hipótese. Criei, então, uma teoria baseada nas minhas descobertas. Entretanto, precisava do raciocínio lógico para realizar essa pesquisa com credibilidade, sem promover mal-estar nas pessoas. Aliado a isso, considerei a liberdade em seus diferentes níveis, inclusive o de sua própria expressão, de fundamental importância e imprescindível para se poder aplicar os ensinamentos desse meu projeto no cotidiano. Apesar de saber que a liberdade é difícil de ser praticada, devido a fatores condicionantes, eu precisava revelar o que a impedia de atingir o prazer e a paz interior característicos dela.

Cheguei, enfim, à conclusão a respeito do tema desse meu projeto ao introduzir a necessidade de gerar *Consciência* e *Transformação*, um dos pilares do método PHVida e de meu trabalho de formação terapêutica. Agora, proponho conduzir o leitor à reflexão sobre as consequências das ações, ao revelar as verdadeiras intenções ocultas contrárias ao desejo das pessoas.

Gradativamente, criei conceitos e defini alguns princípios e dinâmicas que apliquei durante quinze anos nas minhas sessões terapêuticas. Após unir essas referências, venho compartilhar a minha descoberta com a finalidade de tornar o ser humano mais receptivo para que o amor possa fluir em harmonia com sua missão de vida, embora já soubesse das alienações, silenciosamente, instituídas que contaminavam e dominavam as pessoas sem que elas se dessem conta – pelo menos foi como percebi, à medida que ouvia as inúmeras reclamações sobre os conflitos apresentados pelos meus clientes. Foi, justamente, com o meu questionamento a respeito de como ajudar de forma rápida e eficaz que me deparei com a proposta deste livro.

A tolerância adquirida a partir dessa descoberta absurdamente simples e a sua compreensão fazem dos conflitos algo engraçado e até ridículo, principalmente quando se entende a visão de *Tudo Certo*.

Só depois de ter a comprovação por meio de resultados favoráveis, resolvi escrever estas páginas. É importante dizer que eu não quero e não pretendo, de forma alguma, competir, sobrepor crenças, vertentes ou qualquer tipo de ideologia; apenas proponho compartilhar a minha descoberta e convidar você a fazer o mesmo percurso, desbravando o mesmo caminho percorrido por mim.

Para isso, faço um convite: trilhar pelo *Processo* descrito neste livro. No entanto, é importante estar receptivo, permitir ser conduzido e pôr em prática, na sua vida, as dinâmicas para poder obter os resultados e, em silêncio, observar as suas relações. Só depois questione sobre o seu *Certo*, se esse ainda permanecer.

SUMÁRIO

PARTE I – A ORIGEM **17**

1 – Tudo no universo é energia 21

2 – *Referência de Origem* 25

3 – Nasce a criança 30

4 – As influências 33

5 – As referências 35

6 – *Inconsciência* 41

7 – A ilusão – quando a mentira se torna *Certa* 50

8 – A individualidade e o indivíduo 54

9 – A repressão e a imposição 60

10 – Restringir é limitar 64

PARTE II – A QUEDA **71**

11 – O trauma 77

12 – O conflito 83

13 – A criação do *Certo* e *Errado* 92

14 – O universo dual e oposto 98

15 – A criação do ideal – a razão 105

16 – O amor condicionado 107

17 – *O Bem e o Mal* 111

18 – A separação – os atributos da relação 117

19 – A discriminação 121

20 – *Inferior* e *Superior* 135

21 – Injustiça 139

22 – Julgamento 141
23 – Justiça 143
24 – *Julgamento Comparativo* 147
25 – *Julgamento pelo Sentido* 151
26 – Empatia e antipatia 156
27 – A necessidade de estar *Certo* e a autoafirmação 160
28 – A *Crítica Destrutiva* 164
29 – A *Catarse* 169
30 – *Justificar transferindo* 179
31 – O padrão – a roda das repetições 182

PARTE III – A CONSCIÊNCIA 187
32 – *Pré-consciência* 189
33 – *Consciência* 192
34 – *Ato e Consequência* 198
35 – As referências e o princípio da divisão 202
36 – Evolução e adaptação 205
37 – Somos *perfeitos* e *Certos* 215
38 – A vida é feita de tentativas 220

PARTE IV – O TUDO CERTO 223
39 – A necessidade do *Tudo Certo* 225
40 – Origem do *Tudo Certo* 234
41 – A referência do *Tudo Certo* 236
42 – Ferramentas do *Tudo Certo*: silêncio e respeito 241
43 – O relacionamento *Tudo Certo* 247
44 – A essência do *Tudo Certo* 250
45 – *Tudo Certo* responde 257
46 – Filosofia de vida *Tudo Certo* 267
47 – A dinâmica do *Tudo Certo* 269

MENSAGEM FINAL 283

AGRADECIMENTOS 289

TEORIA TUDO CERTO 290

A ORIGEM

PARTE

Para o entendimento mais claro dos princípios que regem a nossa existência, é importante transmitir as informações capazes de proporcionar compreensão sobre os *Processos* que regem a nossa existência. Assim, como pesquisador e questionador da vida, acredito que tudo tem o seu sentido, sua razão e seu propósito. Pertencem a uma lógica com fatos legítimos que proporcionam certeza. Por isso, a minha preocupação e intenção é sempre de transmitir algo que possibilite gerar entendimento, a fim de que você, leitor, fique receptivo para que as transformações ocorram a partir dessa descoberta.

1

TUDO NO UNIVERSO É ENERGIA

O ser humano é energia em movimento

A vida é energia em movimento
e a sua falta pode ser considerada morte.

Quando fluímos livremente e não encontramos barreiras, nos expandimos com os nossos movimentos por meio de nossas experiências. Entretanto, quando encontramos obstáculos, estamos sujeitos a travar, criar interrupções ao movimento natural da vida, gerar inércia e estagnação, levando ao que pode se considerar morte.

Nascemos e nos renovamos a cada momento que nos expandimos, e isso está presente em nossas realizações, alegrias e satisfações. De maneira oposta, morremos em cada perda de motivação, decepção, frustração e esperança de continuar tentando. Portanto, existe em nossa *Origem* tanto a vida quanto, de maneira oposta, a morte.

Por isso, você possui na sua estrutura forças que o auxiliam a desbravar a aventura da existência. Elas estão presentes na natureza da *Essência* do ser e podem ser percebidas como uma carga específica, a qual considero o princípio de tudo, onde tudo se origina; uma sintonia energética *Neutra*, de onde surge todo e qualquer movimento.

Outras duas sintonias fazem parte dessa estrutura com qualidades bem distintas: a positiva e a negativa. Ambas atraem o que estiver na mesma sintonia e repelem quando divergem. A partir disso, formam-se dois princípios de sintonia: *Atração* e *Repulsão*.

A *Atração* cria a conexão que favorece a ampliação, enquanto a *Repulsão* não entra em sintonia. Isso não significa que gere conflito ou qualquer tipo de embate! Confrontos só acontecem quando forças dissonantes tentam, forçadamente, conviverem ou estarem conjuntas. Assim, na raiz de todos os conflitos entre pessoas e ideologias está o querer forçar que diferentes estados do ser se igualem – mesmo estando em sintonias diferentes dos estados evolutivos em que se encontram. Chama-se isso de *Forças Dissonantes*: querer que uma pessoa tenha as mesmas crenças, os mesmos valores, as mesmas perspectivas, os mesmos gostos, as mesmas afinidades que os outros, a mesma reciprocidade em intensidade e vibração. Ou seja, existe uma incompatibilidade por não estarem na mesma frequência.

Como compatibilidade atrai e incompatibilidade repele, quando isso ocorre, gera-se conflito, ocorrem guerras, disputas, discussões, brigas e rejeições, entre várias outras manifestações reativas. Essas podem ser despertadas quando se força estar em uma situação desfavorável, por não corresponder com a mesma frequência da pessoa.

Em termos energéticos, porém, as cargas opostas se atraem para que haja equilíbrio. Nesse contexto, a energia negativa atrai a positiva e vice-versa, e essa oposição não significa que uma é melhor do que a outra, pois essa avaliação é uma característica puramente humana.

Contudo, podemos avaliá-las como manifestações com características distintas que servem para identificá-las, mas nunca podemos considerá-las como oponentes. Apenas se repelem ou se atraem por questões de sonância e dissonância.

Imagine, por exemplo, um homem atraído por uma mulher. Nessa situação, essas cargas, embora opostas, se atraem e entram em sintonia. Nesse instante, acontece o envolvimento, então se estabelece uma relação que permite unir e integrar, as forças entram em empatia e ocorre o casamento.

Entretanto, esse mesmo homem e essa mesma mulher podem se atrair fisicamente, mas suas personalidades, valores e identificações podem divergir, entrar em dissonância, ocasionando conflito. Quando isso ocorre, a tendência é desejar uma mudança de sintonia; nesse caso, alguém poderá ter de ceder para que seja possível estabelecer a relação e ocorra a união e a integração entre eles. No entanto, já existe, por meio da dissonância, a intolerância e a rejeição. Assim, a energia amorosa, por não possuir polaridade nesse contexto, deixa de se manifestar, porque o amor é de carga neutra, imparcial, não gera distinção e aceita a diferença.

É muito comum também, em alguns aspectos, as pessoas se atraírem por determinadas situações e, às vezes, divergirem. Surgem, então, as relações de amor e ódio, cumplicidade e disputa, entre tantas outras formas que variam de acordo com a sintonia durante o *Processo* que viverem.

Todo corpo, sem exceção, basta existir para ocupar seu lugar no espaço e se manifestar no seu próprio tempo. Como tudo no universo é energia, também somos energia como uma força expressa na condição humana. Na *Referência de Origem* criamos impulsos liberados a partir de algum interesse, curiosidade ou satisfação. Consequentemente, geramos resultados, e esses estão sempre de acordo com sua procedência. Essa é a condição de *Origem* na qual todos começamos a nossa jornada de vida, com desejo de descobrir, de se aventurar e conhecer; cada um na sua realidade e possuidor da sua verdade.

Em sua *Origem,* o ser humano possui algumas qualidades intrínsecas, que nomeei como parte integrante da sua formação natural, atribuída a ele pelo simples fato de existir. Essa condição de *Origem* faz com que o ser humano seja puro em sua maneira de ser, perfeito, pela ausência de qualquer referência que possa poluí-lo, amoroso porque só sabe viver, espontâneo e livre por não conhecer restrição alguma.

Quando nascemos, iniciamos a nossa jornada de vida, somos influenciados e influenciamos, sentimos e ressentimos, sem termos a noção do que está acontecendo ao nosso redor. Vivemos plenamente o momento presente, sem a ciência dessa relação, abertos a tudo e receptivos para o que der e vier. Sem percepção sobre valores, sabemos apenas degustar as experiências pelo prazer ou não que sentimos. Movidos por sensações e não por conceitos, fluímos desprovidos de entendimento conclusivo e somos guiados pela curiosidade; aceitamos e rejeitamos pela satisfação sem intenção alguma. Seguimos sem sentido de direção, sujeitos às intempéries, sem nos darmos conta do caminho percorrido. Vamos vivendo cada momento sem saber sequer o significado de se estar vivo.

2

REFERÊNCIA DE ORIGEM

Na individualidade de cada indivíduo está sua *Referência de Origem*, que possui singularidade e não é passível de ser comparada em sua totalidade. Porém, na sua *Essência,* ele possui uma referência comum que faz parte de todos os seres humanos. Nessa mesma *Origem*, concluí que, na verdade de cada ser, na sua *Essência*, possuímos cinco qualidades que devem permanecer imutáveis para que possamos estar na mesma frequência e permanecer conectados à *Consciência* amorosa. Se esssa, por algum motivo, for perdida, o indivíduo se sente sem a *Referência de Origem*.

A primeira delas é a *Pureza:* perdemos a qualidade de ser *puros*, quando rejeitamos, discriminamos, geramos antipatia, sentimos raiva, ódio ou mágoa. Ou seja, toda e qualquer manifestação que altere a pessoa de seu estado de ser, de bem-estar, de estar a favor da vida e da existência, para o mal-estar – contrário à vida e à própria existência, favorável ao atributo do mal.

A segunda qualidade é a *Perfeição*: o universo e a própria natureza, a partir de uma referência da física – de que toda massa ocupa espaço e tempo únicos – e seguindo o conceito de que somos únicos, singulares, indivisíveis e incomparáveis, somos perfeitos. Partindo dessa proposição, tudo o que existe é perfeito. Só vamos considerar imperfeito aquilo que julgamos ser *Errado*. Porém, para o universo – e seguindo os preceitos da existência – não existe o *Errado*, porque isso é algo que o ser humano definiu a partir da ideia oposta ao que julga ser *Certo*.

Se todo corpo ocupa espaço e tempo únicos e se manifesta na sua verdade, que está de acordo com a sua realidade, isso está perfeito para ele. Convém observar que só vamos nos considerar imperfeitos se não conseguirmos ser o que instituímos como perfeito ou se nos compararmos com os outros. Se somos incomparáveis, somos perfeitos na nossa forma de ser. Só seremos imperfeitos se não estivermos em conformidade com o ideal daquilo que queremos ser e de acordo com a comparação que fazemos de nós mesmos com os outros. Não podemos nos comparar, porque somos *Únicos,* e não podemos valorizar uma ideia do que pretendemos ser em detrimento do que, verdadeiramente, somos porque deixamos de valorizar o que existe e passamos a valorizar o que não existe. É da valorização do que não existe que nasce o *Mal*.

Partindo dessa premissa, cada ser humano é perfeito, porque não existe ninguém igual a ninguém.

É claro que você não é o único ser humano neste planeta. Mas enquanto ente você é único, portanto, perfeito.

Infelizmente, em nossa sociedade fomos induzidos a acreditar que somos imperfeitos, e na tentativa de sermos perfeitos, tornamo-nos perfeccionistas, partindo da máxima de que somos *Errados* e que só seremos *Certos* se um dia conseguirmos chegar ao que consideramos ser perfeito. Mas não deveria existir essa necessidade de querer ser perfeito, porque já somos! Para atingir esse nível de *Consciência*, basta não nos compararmos com os outros e valorizar aquilo que gostaríamos de ser, porque assim, nos sentimos únicos e perfeitos.

Então abandone essas duas maneiras de pensar e você terá a simplicidade da aceitação da sua unidade. Isso vai fazer nascer o amor-próprio dentro de você.

A terceira qualidade que deve permanecer naquele que quer se elevar à *Consciência* do amor é a *Amorosidade:* ser amoroso implica respeitar as diferenças, ou seja, valorizar a vida, contemplar cada momento de sua existência, apreciar o belo em todas as situações, e perceber, assim, que existe sempre um aprendizado. Cada um pode viver o seu próprio *Processo* de desenvolvimento com a certeza de que está *Certo* para si mesmo como indivíduo. Porque cada um está *Certo* no que está vivendo.

O ser amoroso faz com que sua presença seja sempre agradável, porque é um deleite para ele, não é forçado, é autêntico na sua forma de ser, revelando sua verdade e aceitando toda e qualquer diversidade.

O quarto atributo da *Essência* do ser humano é a *Espontaneidade:* nascemos espontâneos e só conseguiremos manter a espontaneidade enquanto os outros três atributos se mantiverem imutáveis – pureza, perfeição e amorosidade. Um ser espontâneo revela em sua *Essência* ser totalmente verdadeiro e não conhece restrição em relação a ninguém.

Em uma sociedade cheia de restrições, repleta dos seus *Certos* representados por tabus e conceitos, é difícil manter a espontaneidade, principalmente pela tendência de querer se adaptar ao meio, entrando em conflito com sua própria *Essência*.

Portanto, ser espontâneo faz com que você consiga o quinto e último atributo da *Essência*, a *Liberdade:* ser livre implica, pura e simplesmente, em não ter algo que o aprisione, amarre, condicione ou limite, nada que interfira na liberdade de progredir e, consequentemente, evoluir.

A liberdade consiste na aceitação plena de que tudo o que existe possui o que está presente em religiões e, consequentemente, nos fatores que regem tudo aquilo que consideramos como espiritualidade: algo também conhecido como livre-arbítrio. As pessoas, seres dotados de livre-arbítrio, ganharam a liberdade de suas escolhas. Assim, nada nem ninguém pode interferir no que está na base de tudo o que julgamos ser espiritualidade ou valores de moral e ética.

Muito me causa estranheza, especialmente em certas vertentes espirituais, a falta de respeito pelo livre-arbítrio, que está intrinsecamente ligado ao *Processo* de aprendizado e à capacidade de lidar com a própria liberdade de escolha. Destaco que cada pessoa é responsável pelas suas próprias escolhas, as quais geram resultados, moldando o cenário e a realidade individual. Assim, cada um se torna um participante ativo no seu próprio *Processo* de vida. No entanto, considero que não é necessariamente correto atribuir culpa à pessoa, mas, sim, responsabilidade pela sua vida. A culpa pela *Ação* cometida e pelos resultados obtidos reflete o reconhecimento de que se considera um *Erro*, e essa avaliação revela uma profunda ignorância, pois a pessoa havia agido com base no seu conhecimento até então, por desconhecer outras opções de atuação. É importante entender que sempre agimos de acordo com nosso próprio conhecimento e aprendemos justamente por meio das escolhas, ações e resultados, evoluindo por meio do longo *Processo* de transição do *Inconsciente* para o *Consciente*.

Portanto, a primeira fase da aquisição de conhecimento é perceber a existência do que antes estava encoberto pela *Inconsciência*, é descobrir aquilo que já existia, mas não *Consciente* para a pessoa, e para que, dessa maneira, possa se adquirir conhecimento. É claro que não vamos saber antes de viver os acontecimentos, pois as experiências, como o próprio nome diz, são experimentações. Provamos algo para perceber o que é para, então, virmos a conhecê-lo. Consequentemente, ao nos envolvermos com um acontecimento novo, ao experimentarmos algo, usamos o conhecimento que *a priori* possuímos; e que vai gerar um resultado, que está *Certo* por corresponder ao conhecimento que se possui.

Entretanto, esse resultado pode não estar de acordo com as expectativas, então é nesse instante que precisamos compreender que, sim, ele ainda está *Certo* e servirá como conhecimento para nos aprimorarmos em uma nova experiência. Como digo, constantemente:

O universo não nos dá a fórmula, tampouco a receita. Ele nos dá os elementos para que possamos experimentar e fazer a nossa escolha. Esse é o livre-arbítrio.

Por isso, nunca saberemos antes do acontecimento, senão seria uma imposição. Consequentemente, para que haveria o livre-arbítrio se existisse uma imposição? No mínimo, esse Deus não seria Deus. Porque quando impomos, restringimos, tiramos a liberdade e, assim, oprimimos. Desconhecer essa maneira de agir, não é um atributo da espiritualidade, muito menos do amor.

A liberdade pertence ao livre-arbítrio, o que não significa ter que escolher entre uma coisa e outra, ou entre um *Certo* e um *Errado*. O livre-arbítrio é a livre escolha realizada a partir do juízo de valores gerado frente a um acontecimento. Ao se fazer uma escolha, aceita-se algo que passa a ser considerado *Certo* e rejeita-se outra coisa, automaticamente, por defini-la como oposta, *Errada* ou pior. De acordo com a escolha feita, é definido ao que servimos, o caminho é traçado e o resultado está sempre *Tudo Certo*.

Quando servimos ao amor, esse serviço é imutável. Quando escolhemos o amor, porque atribuímos a ele o que valorizamos, o que somos e a que pertencemos, já revelamos não existir o ódio, tampouco o *Mal*.

3

NASCE A CRIANÇA

Quando somos crianças, estamos isentos da noção de tempo. Logo, desconhecemos a pressa e o limite, embora os tenhamos por condições impostas no ambiente onde nascemos. Dependentes de outros seres, seguimos, simplesmente, vivendo, existindo apenas por existir, sem saber o que isso significa para o próprio sentido da vida. Essa é a nossa primeira *Verdade*, sem a noção do que é a *Verdade*. Limpos de preconceitos, talvez de conceitos, sem julgamento pela ausência do saber, jamais manifestamos uma crítica, por nada parecer ter propósito e nada padecer de interesse, porque não sabemos que podemos querer. Somos, assim, perfeitos por não ter noção do que é imperfeito; não questionamos, apenas contemplamos cada momento, apreciando e aprendendo, sem ter juízo do que pode vir a servir.

Assim tudo se inicia, no silêncio deste universo único, isentos da pressão da dualidade oposta e em conflito. Um momento em que está *Tudo Certo*, por desconhecermos o que é considerado *Errado*.

Sintonizados com o universo e regidos por ele, somos protegidos pelo sentimento mais nobre presente em nossa *Origem*: o amor. Graças a ele, conseguimos sobreviver como todos os outros animais ao longo do tempo. Sem esse sentimento nada poderia evoluir, porque sem ele seríamos egoístas, abandonaríamos nossos filhos e pensaríamos apenas em salvar a nós mesmos. Sem o amor, extinguiríamos a nossa própria natureza.

Esse sentimento intrínseco à nossa natureza, mesmo *Inconsciente*, é que nos faz enfrentar a vida para proteger quem amamos de qualquer ameaça em nosso caminho. A responsabilidade e o zelo afloram e nos fazem entregar a própria vida, porque nos tornamos uma coisa só, não percebemos divisão e separação. Quando temos filhos, o orgulho de ter uma extensão de nós mesmos nos dá a sensação de sermos deuses, porque fomos capazes de conceber a vida e o direito de existir a outros seres. Cúmplices do universo e da criação, cabe-nos ensinar a eles, para que um dia a nossa grande obra esteja pronta para seguirem sem precisar de nós, porque cumprimos nossa parte no *Processo*.

Claro que, enquanto crianças, não conhecemos os limites, pois precisamos ser educados, mas não domesticados como os animais eram no passado, por meio da agressividade, de imposições, castigos e jogos emocionais ainda mantidos na base de algumas culturas. Ninguém deveria ser tratado dessa forma, por não corresponder ao *Ato* amoroso de ensinar.

Felizmente, hoje a nossa sociedade está mais *Consciente* quanto aos Direitos Humanos, aos direitos das crianças e adolescentes, dos idosos e dos animais, por isso digo que evoluímos um pouco nos últimos tempos. Contudo, enquanto o amor não for o propósito, mas algo restrito a uma visão egoísta e insensível, teremos que lidar com essas situações, no mínimo, desagradáveis.

Na questão do ensino e da aprendizagem, todos sabemos que na escola e na família os moldes antigos eram cruéis por restringirem a liberdade. Eram instituições repressoras e opressoras, que coagiam o poder do outro, restringindo a manifestação da força quando sob seu domínio. Considerava-se que pela imposição do medo se conseguiria melhor resultado. Forçavam o encaixe no que consideravam *Certo*, conforme o julgamento que possuíam, muitas vezes de forma intransigente, sem, ao menos, considerarem outras possibilidades do que tinham como *Verdade*.

Essas imposições são influências autoritárias e ditatoriais que oprimem e limitam qualquer movimento divergente do que se considera *Certo* ou *Errado,* o que se contrapõe a elas. Nesse cenário, a aventura da descoberta vai se perdendo, desvanecendo progressivamente, dissipando-se e escurecendo como a luz do Sol no fim de tarde.

Regidos por uma força imperceptível – em meus estudos, denominada de *Referência de Natureza* – e conduzidos pelo prazer da descoberta, vulneráveis pela fragilidade da condição do estado presente, sem noção da própria fraqueza e desprotegidos pela ausência de conhecimento, viramos presas fáceis. Essa ingenuidade presente na infância faz com que não notemos o perigo e, por desconhecermos o significado do próprio medo, só nos resta confiar sem ao menos saber o que é confiança. Surgimos, assim, nesse cenário, puros de conceitos, limpos de vícios e naturalmente espontâneos.

4

AS INFLUÊNCIAS

O princípio do universo não é de igualar, mas de diferenciar pessoas, situações ou realidades em relação ao desenvolvimento da Consciência.

Independentemente da nossa vontade, conforme os fenômenos se desencadeiam no cotidiano, sofremos influências constantes e interferências do meio. Assim, cada pessoa interpretará e atribuirá sentido a eles de acordo com a própria percepção. Dessa maneira, a formação da individualidade é constituída dessas várias fontes de interferências, dependendo das condições de vida da pessoa, como o fator genético representado pelos aspectos biológicos trazidos dos pais, fatores psicológicos pelo ambiente familiar, pela formação religiosa, cultural e política, e fatores econômicos e sociológicos, entre muitos outros que podem ser benéficos ou não. O ser humano é muito complexo. Não podemos defini-lo e encerrá-lo apenas por essas influências e características citadas, principalmente pela diversidade que contribui para que ele ainda seja um grande mistério a ser desvendado, pois estamos em constante evolução.

É característica da espécie humana ser imutável na sua forma e mutável no seu saber e na sua capacidade de se perceber. Ela traz em si uma *Essência* em constante transformação, munida de vontades, desejos e capacidades de querer ou não querer. Portanto, quanto mais tentamos definir o homem, o conceito sempre vai se transformar em preconceito.

Uma pessoa molda a sua realidade a partir do modo como ela processa, assimila e interpreta todas as informações que recebe, juntamente com os princípios que escolhe adotar, baseada nas influências adquiridas.

É através desse filtro individual que cada pessoa carrega consigo conceitos e crenças, muitas vezes inconscientemente aceitos, que exercem influência e condicionam seu caminho ao longo da vida.

5

AS REFERÊNCIAS

Nascemos munidos de força, capacidades e toda uma estrutura para absorver conhecimento. Possuímos sentidos que nos ajudam a captar informações para identificarmos o meio onde existimos. Mas não nascemos com a capacidade de poder perceber essa relação, porque estamos Inconscientes do que somos, podemos, fazemos e manifestamos.

Possuímos referências de onde partem a nossa existência com suas respectivas qualidades, identificações, procedências e afinidades, entre outras características pertinentes a cada uma delas. De acordo com o que as envolve e ao que pertencem, há correspondência em *Atos e Consequências*, em sua *Potência, Ação e Reação, Causa e Efeito*, e cada uma delas possui o próprio *Certo,* de acordo com sua natureza.

A primeira das referências tem relação com a nossa condição humana. Eu a chamo de *Referência de Natureza.* Ela envolve o instinto animal de autoproteção, caça, sobrevivência, violência, luta, fuga e até o de matar para sobreviver.

Como a *Consciência* pertence a algo a ser despertado e desenvolvido ao longo do nosso *Processo*, é nessa referência que reside a *Inconsciência*. Nascemos *Inconscientes* e adquirimos inteligência, mas não a ciência do *Ato e Consequência*. Agimos de acordo com a nossa natureza e os princípios que a regem. Nossa natureza possui o conhecimento do *Bem* e do *Mal*, porém, somos desprovidos da *Consciência* em suas diferentes manifestações.

Em nossa natureza está presente as noções de territorialidade, de *Adaptação* ao meio, de defesa do espaço onde se habita e da própria espécie. Quando a pessoa está sintonizada com essa referência, defenderá o seu espaço de quem ela considere invasor, evasivo, intrometido e que desrespeite o seu limite ao tentar desestabilizá-la por qualquer razão e perturbar o espaço onde ela se manifesta. A defesa daquilo em que se acredita possui os próprios valores e também é uma forma de lutar para se proteger ou fazer valer os seus direitos. A violência física e o descontrole pela liberação da adrenalina – responsável por preparar a pessoa para enfrentar ou fugir de um ataque – têm relação com essa força irracional que pode fazer a pessoa agir sem perceber o resultado que pode causar.

Outra referência que nasce com o ser humano é a *Referência de Origem*, nome que designei para definir as qualidades que dão *Origem* a tudo o que existe e está presente em nossa *Essência* com suas respectivas qualidades, provenientes de uma fonte do *Bem*. Tudo o que existe vem de uma força que permite existir e se manifestar na vida. Representa a estrutura de base de segurança, a ordem e o equilíbrio que favorecem a permanência da vida e o direito à existência. Essas são qualidades essenciais para que haja um movimento progressivo de desenvolvimento que conduza à *Evolução do Ser*.

Na *Referência de Origem*, temos as referências da *Essência* e, conforme já mencionei, somos puros na maneira de agir. Os pensamentos, sentimentos, comportamentos e as atitudes são de quem está de bem com a vida, de quem se manifesta com equilíbrio e age com neutralidade. Nós nos sentimos perfeitos, porque sabemos que somos únicos e não temos que ser iguais a ninguém e que devemos ser espontâneos na forma de ser e agir de forma livre. Gradativamente, e ao longo de nossas vidas, evoluímos constantemente de nossa *Referência de Origem* e de nosso *Inconsciente*, transitamos e vamos percebendo a vida e a própria existência.

Hoje em dia, é extremamente difícil conseguir manter essas qualidades na sociedade em que vivemos. Como consequência, é acionado um *Processo* de defesa da pessoa por causa das diversas influências sofridas. Gradativamente, ela perde a *Referência de Origem* ao se deparar com uma realidade adversa e, até mesmo, cruel, impregnada por conceitos, condições, preconceitos, julgamentos, críticas e muita falta de amor. Assim, a pessoa traumatizada registra isso interiormente e entra em conflito! Isso desperta a terceira referência, que chamo de *Referência de Processo*.

Ela possui toda e qualquer experiência vivida que abale a ordem, o equilíbrio, a permanência da vida e o direito à existência. O mal-estar resultante abala a estrutura de *Origem* na pessoa, gera a instabilidade e insegurança. Como consequência, interrompe e obstrui o *Processo* de desenvolvimento em direção à evolução. Nessa referência ficam registrados os conflitos e todo mal-estar criador de qualquer aprisionamento, cobrança e ansiedade.

Nessa mistura da *Referência de Natureza* com a *Referência de Processo*, a *Referência de Origem* é estrangulada e sufocada durante o *Processo* das experiências vividas. A perda das referências de bem-estar faz a pessoa querer entrar em disputa por resoluções para se sentir livre, provar seu valor, defender seus direitos de existir, ou seja, ela entra em um verdadeiro inferno. Atormentada, ela pode passar pela vida inteira tentando voltar para o seu princípio de *Origem*.

A dualidade oposta e oponente do EU se forma nesse exato instante! Ela não permite perceber que as coisas e as situações estão *Certas*, que está *Tudo Certo*; a guerra tanto interior quanto exterior se dá a partir dessa divisão provocada pela perda das qualidades da *Essência* e da *Referência de Origem*. As duas verdades, tanto de equilíbrio a favor da vida quanto a do *Mal*, desequilíbrio que afeta a ordem, passam a coabitar no mesmo espaço e tempo; é quando o caos interior se instaura.

Enquanto houver a *Referência de Processo* com algo que gera mal-estar, a pessoa não conseguirá evoluir, porque para isso precisa retornar a sua *Referência de Origem*! A base do meu trabalho e pesquisa foi desvendar o caminho dessa *Essência*: a *Referência de Origem*.

Inconscientemente, todo ser humano sabe que é necessário retornar para sua *Referência de Origem*, porque ela resguarda os princípios que permitem voltar a evoluir. Todos que ficaram perdidos durante o seu *Processo de Vida* buscam esse retorno. Justamente nesse momento, tornam-se presas fáceis para aqueles que dizem saber o caminho e possuírem a luz da verdade. Essa fragilidade provocada pela perda das referências de segurança faz a pessoa atrair um verdadeiro arsenal de propostas e soluções rápidas que só visam explorar e tirar vantagem de sua situação. Pessoas mascaradas de discípulos e servos dessa suposta luz da verdade que dizem ter chegam a se intitularem e a afirmarem falar em nome de Deus, mas, na realidade, estão conectadas à ilusão e à mentira...

Esse tipo de relação, entre quem busca e quem diz que vai oferecer, apenas cria uma cumplicidade e mantém a pessoa presa à ignorância do que acha que pode vir a ganhar com isso. Proporciona uma libertação temporária, mas, na realidade, só a mantém presa a sua *Referência de Processo*, com todas as suas situações conflitantes e mal resolvidas! Seja qual for a relação que se estabeleça, estará *Tudo Certo*, porque isso diz respeito à escolha feita por ela mesma.

O indivíduo influencia o seu meio da mesma forma que o meio o influencia: estabelece relações, cria conexões, desenvolve afinidades e faz escolhas sem ao menos percebê-las. Define o sentido para cada *Ação* e contexto, criando uma direção; ele absorve as informações do mundo exterior e acumula esse conhecimento no seu interior, construindo aos poucos sua *Referência de Processo.*

Em contrapartida, tudo o que promove bem-estar, respeitando a ordem e o equilíbrio, pertence à *Referência de Origem.* À medida que vivencia as experiências, o indivíduo aciona o *Processo* natural, alheio à sua vontade, que serve para a criação de uma base de referência, que une tanto a *Referência de Origem* quanto a de *Processo* e a de *Natureza.* Essas servirão de sustentação, por meio da qual o indivíduo vai se firmar, e o resultado dessa união vai formar sua personalidade. Todo o aprendizado adquirido e a maneira de processar essas informações caracterizam a individualidade de cada pessoa, e todas as conexões estabelecidas – gostar, simpatizar, manifestar, expressar, comunicar, acreditar, aceitar para a própria vida e manter contato – comportam as afinidades e geram as identificações. Ou seja:

PERSONALIDADE = Referência de Natureza + Referência de Origem + Referência de Processo

As referências são o ponto de partida de onde todos os impulsos surgem e são a base de todos os movimentos. Elas tornam o emissor responsável por ser a origem de tudo o que desperta.

Cada referência cria um *Certo* que está alinhada com a escolha do que é permitido despertar e que define o caminho a seguir.

Como mencionei, nascemos com uma estrutura pronta e os sentidos aguçados para absorver informações. No entanto, estamos *Inconscientes* do que realizamos. Conforme vamos crescendo, temos a oportunidade de contrapor esse *Processo*, questionar as influências que chegam e nos posicionar ou não, dependendo da capacidade ou escolha de cada pessoa.

6

INCONSCIÊNCIA

No Inconsciente ficam registradas as experiências ruins que marcaram a pessoa, seus medos, seus conflitos, suas mágoas e toda manifestação que afetou o equilíbrio e a ordem. Nele não existe lógica, mas o obscuro. As ilusões ganham aqui a sua sede e é onde todo o mal habita.

Acordos são estabelecidos no *Inconsciente* e assumidos como verdade à medida que se vai vivendo as experiências do cotidiano, principalmente experiências que interferem na aquisição de conhecimento, que é a via de transcendência do *Inconsciente* para o *Consciente*. Em razão disso, preso à *Inconsciência*, o indivíduo tende a atrair experiências similares por uma questão de vibração que faz com que sua vida fique repetitiva. É importante ressaltar que a tendência natural do *Processo* evolutivo humano é não atrair experiências repetitivas. Quando isso acontece é porque algum acordo foi assumido no *Inconsciente*.

Muitas vezes, esses acordos passam a ser considerados como verdade e o indivíduo se adapta a eles, ficando ainda mais preso no *Processo*.

Eu considero o *Inconsciente* como um lado obscuro do ser. Não está atrelado às capacidades sensoriais/mentais, portanto, não possui um poder de análise para questionar, compreender, perceber e entender os *Processos* na sua grandiosidade, por serem essas capacidades atributos da *Consciência*. Para o *Inconsciente,* tudo o que chega a ele é considerado verdade. Não consegue diferenciar um pensamento de uma imagem real que se está experimentando. Até que a informação seja processada e transformada em *Consciência*, a pessoa é conduzida por essas verdades que podem não ser reais, mas que o indivíduo assume como tal em seu *Inconsciente*.

Por exemplo, quando uma criança vive uma experiência em que ela é questionada em sua essência, do gênero: "Você não faz nada direito!". Como fazer significa realizar e quando fazemos obtemos conhecimento, dizer isso para a criança faz com que ela retraia sua realização. Seu *Inconsciente* aceita isso como verdade e assume um acordo de que não vai conseguir fazer nada direito. Ou seja, no momento do acontecimento aquilo que estamos vendo ou imaginando para o *Inconsciente* é tudo verdade, ele não sabe diferenciar e distinguir se é real ou não. Esse é apenas um exemplo dos inúmeros acordos que podem limitar e condicionar a vida das pessoas. Esse acordo no *Inconsciente* passa a ser o *Certo* que domina e rege essa pessoa, até que ela consiga romper isso.

A nossa *Consciência* consegue perceber a diferença entre o que estamos pensando e o que estamos vendo, ela identifica a *Origem*, sabe sua procedência, já o *Inconsciente*, não. Possuidor de uma grande realidade virtual e extremamente criativo, o *Inconsciente* é responsável pelos nossos sonhos enquanto dormimos. No entanto, quando sonhamos, ele também acha que é verdade, nele assumimos uma verdade que pode não corresponder à realidade. São estabelecidos acordos e, dessa maneira, o indivíduo fica condicionado e aprisionado nessa região oculta do ser.

É no *Inconsciente* que toda informação é primeiro recebida e armazenada. Assim, de acordo com a capacidade cognitiva, pode-se questionar para poder alterar essa realidade. Isso só acontece na fase de transição da *Inconsciência* para a *Consciência* e muitas vezes nem se percebe esse *Processo*. Por exemplo: quando se muda de ideia sobre uma determinada crença e ao se alterar uma verdade e incorporar uma nova, essa passa a ser o novo *Certo*. Isso ocorre constantemente e sem que percebamos.

Parece complexo o seu entendimento, mas há um exemplo muito simples para explicar. Ao entrar em um quarto escuro e à medida que você vai tocando nos objetos, cria uma ideia mental do que poderia estar nesse ambiente. Fatalmente, quando a luz for acesa, você sofrerá uma surpresa, pois a realidade dos fatos mostrará uma verdade diferente do imaginado no *Inconsciente*.

Há uma tendência natural de criarmos uma imagem de referência frente aos acontecimentos da vida. Essa imagem serve de referência, mas é fruto de uma ilusão. Uma ideia que pode vir a ser, mas não é de imediato. Essa tendência do nosso cérebro em criar essas imagens de referência é para que possamos ficar mais tranquilos diante de novos acontecimentos. Só que essa imagem será criada baseada nas referências das imagens e das experiências anteriormente vividas. Acessamos essas imagens guardadas em nosso banco de memória. Quando acionamos essas memórias, o *Inconsciente* as assume como verdade e, automaticamente, para ele, isso será o *Certo*.

Depois, ao se deparar com a realidade, como explicado no exemplo, você poderá se surpreender com ela.

A formação do nosso cérebro, que leva em média 21 anos, causa na fase infantil uma vulnerabilidade na criança que a torna mais suscetível e sujeita a assumir a ilusão como verdade e a considerá-la *Certa*. Em razão disso, considero o *Inconsciente* o mestre das ilusões, que chamamos de demônio, e é nele que sentimentos como desilusão, mágoa, ressentimento ou decepção, desapontamento, frustração, ódio e raiva se tornam culpas. Por isso, eu o considero como a sede de todo o *Mal*. Porém, convém ressaltar que nem tudo o que é verdade e assumido como realidade existe no *Inconsciente*.

As informações de acordos firmados no *Inconsciente* fazem parte da pesquisa que deu origem à criação da metodologia PHVida – Potencial Humano de Vida – que consiste em identificar os registros do *Inconsciente*, o qual eu nomeei e defini como *Psiconeurorreferência* (*psychoneuroreference*) – são definições conclusivas criadas na psique do ser humano a partir das experiências vividas e aprendizado adquirido. Essa *Referência de Processo*, expressada anteriormente, passa a ser considerada como verdade, a valer como certeza que gera segurança. São essas referências e as influências que irão moldar a personalidade da pessoa durante sua vida, o que contribui para a formação do TUA – *Traumatic Unconscious Agreement* (Acordo Inconsciente Traumático). O *Inconsciente*, segundo minhas pesquisas, possui, entre outras funções, a de guardar toda e qualquer informação de acontecimentos que venham a afetar o equilíbrio, a ordem e a harmonia. Ao desestabilizar o potencial humano, formam-se as doenças psicossomáticas. Quando os aspectos físico, mental e ou emocional estão desestabilizados, o acontecimento traumático, muitas vezes imperceptível, produz esses acordos que formam os diferentes tipos de mecanismos de autossabotagem identificados em meus estudos. Tais mecanismos são capazes de contribuir para conflitos, que se transformam em padrões que, por sua vez, contribuem para a formação de bloqueios no desenvolvimento do potencial humano.

Na vida, não existem obstáculos,
apenas a ausência de conhecimento.

A ausência de conhecimento impossibilita saber questionar com a devida propriedade e torna a pessoa vulnerável frente aos novos acontecimentos.

Embora muito mais presente na criança, a *Inconsciência* sempre fará parte do indivíduo ao longo de seu *Processo de Vida*. Isso se dá pelo simples fato de que evoluímos do *Inconsciente* para o *Consciente*.

A *Inconsciência* impossibilita saber questionar as situações da vida. Sendo assim, é por meio do novo que se transcende o estado atual para uma outra realidade. Esse mecanismo de transição faz parte da natureza e da formação de cada indivíduo e corresponde ao sentido e significado do próprio livre-arbítrio. Ou seja: não se pode ter *Consciência* antes de viver os acontecimentos, porque o ser é livre para querer ou não aprender. Convém lembrar que nunca fugiremos do livre-arbítrio, porque mesmo quando não escolhemos, escolhemos não escolher.

Consequentemente, somos responsáveis por todas as escolhas e, da mesma forma, pelas nossas próprias omissões.

***O medo de* Errar *ao fazer uma escolha impossibilita o ser humano de sair do seu* Inconsciente *e ir para a luz da* Consciência.**

Quando uma pessoa pergunta para outra como agiria no seu lugar, ficam claros a ausência do conhecimento e o medo de errar. Sentir-se *Errado* remete sempre às memórias de incapacidade, de ser avaliado e, possivelmente, reprovado.

Aprendemos pela influência da escola que seremos considerados bons se tirarmos boas notas, seremos aprovados. Para conseguir isso, precisamos saber qual é a resposta *Certa* para as perguntas. Esses testes, com os quais somos postos à prova sobre os nossos conhecimentos, revelam se somos bons ou maus alunos, se realmente aprendemos a lição. Entretanto, a criança na sua *Inconsciência* aprende e assume um acordo de que se acertar, terá valor e se errar será desvalorizada. Desenvolve uma dualidade oposta uma da outra, que a partir dessa conclusão, já se predispõe a criar conflito. O medo de errar, de ser julgado e apontado como uma pessoa burra, receber olhares de reprovação, além de possíveis castigos, faz com que ela confronte as questões como um problema, cuja solução ela precisa saber e mais tarde passa a interpretar as situações da vida também da mesma forma. Aprende que precisa sempre saber qual escolha ou resposta é a *Certa* para ser reconhecida e ter valor.

Essa tendência passa a servir de referência e caso venha a abalar o emocional, causando mal-estar, esse desequilíbrio fica guardado no *Inconsciente.*

A pessoa segue pela vida e, ao se confrontar com uma experiência que venha a interpretar como um problema, desperta a memória presa no *Inconsciente* e surge no seu *Consciente* o pensamento que não pode errar, que precisa acertar sempre. Entretanto, é importante perceber que frente a algo novo sempre corremos o risco de ter que lidar com a ausência do conhecimento, o que pode gerar dúvida sobre a capacidade de conseguir fluir pela experiência. Nesse cenário, a pessoa é passível de travar frente ao acontecimento e pode entrar em conflito no seu interior.

O medo de não corresponder àquilo que esperam na escola, como também o que a própria pessoa espera de si mesma, faz nascer a cobrança. Assume estar em uma dívida que não existe e, inconscientemente, desenvolve o sentimento de culpa a cada instante que não corresponda ao que os outros ou até ela mesma espera que consiga.

A culpa pelo resultado faz surgir o sentimento de fracasso, que já é uma reprovação. Embora *Inconsciente* do efeito que suas ações podem vir a causar, a pessoa passa a ser julgada, condenada, rejeitada e incompreendida por não corresponder ao *Certo* dos outros. Passa a sofrer intolerância até de si mesma. Como consequência, surge o "devo ou tenho, deveria ou teria", que se transformam em uma dívida, cobrança. Esse sentimento aprisiona aprisiona a essa suposta dívida, como algo a ter que pagar para si mesmo ou para os outros, sem ter, a bem da verdade, essa obrigatoriedade. Frente a esse cenário, desencadeia um estado de angústia constante, insatisfação que dá origem à ansiedade camuflada no "devo e tenho" que resolver.

Conclui-seque, devido a essas cobranças, desde muito cedo a criança aprende que, ao não corresponder ao esperado pelos outros, está *Errada* e, como resultado, será reprovada. Em meio a esse sentimento de insatisfação e *Inconsciente,* porque não consegue perceber o *Processo* ao qual foi envolvida, fica presa à definição de ser *Errada.*

Durante o *Processo* intitulado de educação, a criança é reprimida ao deixar de ser ela mesma, porque só será aprovada pelos outros (sociedade, família e religião), se agir igual a eles. Porque eles só aceitam o que for semelhante as suas próprias referências, do que definem como *Certo* e será reprovada se ousar ser diferente. Assim, a criança aprende que quando não conseguir atingir o resultado e ser imagem e semelhança dos outros, descobre o que é a frustração, decepção e rejeição.

Esse mal-estar, prende a criança no seu *Inconsciente,* marca a sua vida e passa a vigorar como *Referência de Processo.* Quando em algum momento ela se depara com alguma dificuldade, aciona o medo de ser rejeitada pelo possível fracasso, e afloram sentimentos de desvalorização, mesmo que isso não seja dito verbalmente pelos outros.

Os bloqueios criados no *Inconsciente* podem fazê-la, futuramente, querer provar o seu valor, fazer para ganhar reconhecimento, realizar para ter aprovação ou, no sentido inverso, se rebelar, pensar que nada vai se materializar, ficar carente e dependente por ter aceitado que é uma coitada etc.

As inúmeras influências sofridas nesse período condicionam e limitam a aquisição do conhecimento. Como resultado, a pessoa assume um acordo, e esse passará a ser o seu novo *Certo*, por mais que pareça ou possa ser considerado *Errado*.

No sistema educacional e em sua forma de criação prevalecem a replicação do conhecimento entre professor e aluno, padronizando e limitando o aluno a um determinado comum. A pessoa fica presa no desenvolvimento mais básico das capacidades humanas e é criada uma interferência no pleno desenvolvimento cognitivo. A criança deveria ser instruída a explorar suas próprias capacidades para, assim, estar favorável à sua própria referência.

O *Mal* é acharmos que a ilusão é realidade, tornamos algo real, quando não existe. Quando se tem *Consciência,* não se pratica o mal, porque esse só é praticado por quem é ignorante, porque o princípio da existência é o bem que preserva a vida. Então, não existe a oposição entre o *Bem* e o *Mal*; assim como o *Certo* e o *Errado*, que os separam por definições, criam o antagonismo e, como consequência, geram o conflito entre eles. Esse princípio de dualidade oposta está presente na base de formação de muitas crenças e religiões, que se colocam como uma via de intermediação e libertação do *Mal* para se atingir o *Bem*. Entretanto, considero que evoluímos da *Inconsciência* para a *Consciência*, portanto, o *Mal* está na ignorância presente apenas na *Inconsciência* e não na *Consciência*. Então, o que deveria ser ensinado em termos de religião é o despertar da *Consciência* por meio do desenvolvimento das percepções sobre os *Atos* e suas *Consequências*, respeitando, porém, o princípio de que as pessoas evoluem do não saber para o saber. Isso faz com que não se sintam culpadas nem pecadoras, porque não ter conhecimento não é uma falha, faz parte do *Processo* natural da evolução. Corresponde a algo atribuído como parte do *Processo*, o qual está *Certo* por ser uma *Consequência* da sua jornada de vida que começa a partir do não saber, *Inconsciência.*

Convém também perceber que é graças ao *Mal* que se valoriza o *Bem.* Então, como tudo o que existe, ele se manifesta e gera um resultado que corresponde à *Ação* cometida. Essa, por sua vez, está *Certa* para os princípios que a regem. Consequentemente, nenhuma *Ação* vai gerar um resultado *Errado.* A consideração ou o julgamento que define algo como *Errado* ou *Mal* é baseada no conhecimento instituído como tal. Em termos de *Ação e Reação,* tudo o que existe se manifesta, pertence a uma determinada dimensão que está de acordo com a sua *Origem.* O *Mal,* então, seria uma dimensão de atuação que gera o seu resultado *Certo* para ele mesmo, da mesma forma que o *Bem* também estará *Certo* para ele mesmo.

Transcender o *Bem* e o *Mal* é elevar-se acima dessa oposição e perceber ter tudo o que existe e manifesta o seu valor. Consequentemente, tudo deve ser respeitado e valorizado. Não existe espiritualidade quando há desrespeito à Criação.

Quando se fala, então, em espiritualidade, percebe-se que tudo é proveniente de uma fonte provedora da existência. Então, não cabe a nós seres humanos questionar e achar que essa *Força* é *Errada,* que não presta e que não serve: porque esse ato é uma ofensa à Criação. Isso, sim, pode ser considerado como um ato que visa perturbar o equilíbrio. Nesse caso, poderíamos classificá-lo como "maldoso", conforme as definições da limitada percepção humana, condicionada ao *Certo* que possui um *Errado* oposto. Ou seja, quando algo entra em conflito com a própria existência, não tem razão para existir. Por isso o *Mal* não existe, porque toda *Ação* que visa extinguir o que existe não tem fundamento para existir.

7

A ILUSÃO – QUANDO A MENTIRA SE TORNA CERTA

Viva a verdade para ser verdadeiro, porque a maior mentira é se fazer valer de uma ilusão para enganar a si mesmo.

Quando uma pessoa é considerada amorosa, cria-se uma imagem no seu *Inconsciente*. Quando você planeja ir a uma festa, você cria uma imagem e vai até se ver nessa festa. Quando pensa no encontro que terá com determinada pessoa, cria uma imagem do que espera que aconteça. Entretanto, se a pessoa amorosa lhe responder em desacordo com suas expectativas, a imagem inicial dela entra em conflito com a verdade do *Inconsciente*; logo, você se decepciona com essa pessoa. O fato, porém, é que ela nunca o decepcionou, mas o desapontamento é proveniente daquilo que você imaginou em seu *Inconsciente*. Nesse caso, isso é um problema seu e não da pessoa.

Ao chegar à festa, você talvez tenha pensado que haveria muita gente, que seria agradável, de repente, quem sabe, até encontraria a pessoa amada. Ou seja, você já saiu condicionado, limitado ao que pretendia viver, já interferindo na ordem dos acontecimentos. Ao chegar, se a imagem da realidade for diferente do que imaginou, você se frustra.

Seja qual for o acontecimento ou a experiência, é muito importante saber diferenciar a verdade do *Inconsciente* da verdade do *Consciente*, ou seja, a ilusão da realidade. A tendência das pessoas em valorizarem o que querem viver, de acordo com seus desejos, carências, necessidades, projeções ou fantasias, por vezes, toma um corpo e uma realidade tão grande no seu *Inconsciente*, que elas passam pela vida apenas se decepcionando com as ilusões que criam.

A realidade nunca nos trai, mas, sim, o que imaginávamos que ela seria, principalmente quando a consideramos como um fato.

A necessidade de se sentir bem, às vezes, leva a pessoa a criar uma falsa verdade. Ou seja, cria uma mentira, uma ilusão para se sentir melhor frente à realidade que está vivendo. A tendência de criar essa ilusão para se sentir bem, que é falsa, faz a pessoa sair da sua realidade e proporciona a ela mesma a frustração, a decepção e a desilusão por acreditar no que não existe. Então, não diga que é sem ser – de fato. Não fale que vai fazer, faça. Não prometa realizar, cumpra.

Quando falamos sobre a questão do que é fato, isso deixa de ser uma crença. Passa, então, a ser uma verdade. Por isso, a ciência precisa de comprovação, para que não se faça valer de uma crença que ainda não é uma verdade, porque há o risco de não transmitir, de fato, o que supostamente diz ou transmite ser. Enquanto não é, não passa de suposição. É uma ideia que pode vir a ser *Certa*, mas ainda não é.

As pessoas que valorizam o que não existe estão sujeitas a sofrer com a realidade. Muitos dos conflitos são provenientes dessas ações *Inconscientes*, portanto, é importante saber questionar a veracidade do que se considera *Verdade*. Mas esse atributo só é possível quando se está na *Consciência*.

Então, todas as decepções, mágoas, raiva, ódio e experiências ruins que você viveu estão *Certas* para quem acredita na ilusão. Para quem gosta de se frustrar com a realidade, essa é uma escolha, e sua vontade sempre vai prevalecer. E esse será o seu *Certo*.

O *Certo* de cada pessoa é relativo por estar condicionado ao seu conhecimento. Assim, podemos não considerar determinada questão da mesma maneira. Para algumas pessoas é correto punir, machucar, usar alguém em seu benefício, mentir e enganar, mas aos olhos de quem age com ética, essa conduta pode ser considerada *Errada*. Por isso, mesmo pessoas com bons princípios éticos perdem esses mesmos princípios ao julgarem o outro inferior ou *Errado*, ao compará-lo com seus princípios com discriminação. Assim, nesse caso, já perdeu a própria ética. Entretanto, na visão de quem a praticou, a conduta está *Certa* para ela. Ou seja, todo *Certo* sem a culpa passa a ser *Certo* aos olhos de quem o faz.

A culpa é o que faz uma pessoa se arrepender da sua ação. Porém, isso só acontece se ela questionar e refletir sobre o efeito do que causou. Lembre-se: quem é do *Bem* possui boa índole, arrepende-se e sente-se culpado. Isso significa que essa pessoa está a serviço do *Bem*. Em contrapartida, quem é do *Mal*, segundo a perspectiva de ser oposto ao *Bem*, não se permite se sentir culpado, tampouco pensa ou questiona suas ações, apenas as considera como *Certas*. Embora prejudique alguém, não reflete sobre sua conduta.

Como terapeuta, eu me especializei na área do *Inconsciente*, por considerar que não existe cura ou libertação sem antes libertar a pessoa de todo e qualquer acordo que a torne presa ao próprio *Inconsciente*.

Lembre-se de que toda pessoa que o magoou na vida fez isso porque esperava que ela fosse preencher ou suprir alguma coisa em você. Você se decepcionou porque esperava viver alguma coisa com ela. A raiva se manifesta quando a pessoa ou a situação não estiver de acordo com o desejo de ter poder sobre algo, e ela terá ódio quando realmente constatar que nada que possa fazer vai alterar a realidade, que é diferente daquilo que se quer! Ou seja: ela não aceita a realidade.

Não existe maneira de se aprender a amar enquanto a pessoa agir dessa maneira, porque ao expressar ódio, ela entra em conflito com o amor e rejeita a realidade, perde a pureza.

8

A INDIVIDUALIDADE E O INDIVÍDUO

Eu considero toda pessoa única, singular, indivisível e incomparável. Somos todos diferentes, embora tenhamos características parecidas, similares em aspectos e afinidades por identificação, por pertencermos à mesma espécie e possuirmos a mesma natureza.

O que nos torna semelhantes é a nossa espécie; o que nos torna diferentes são os nossos genes; o que nos torna únicos é a nossa personalidade. O nosso físico é parecido, mas a genética consegue fazer todos diferentes. A natureza fez tudo único e o universo também. Por isso todos estão *Certos* à sua maneira, porque o juízo de cada *Certo* depende da perspectiva, dos fundamentos e da avaliação de cada um. Para aprender a amar, temos que considerar e aceitar as diferenças.

Muito cedo percebi que eu era diferente. Ao contrário das outras pessoas, resolvi que essa diferença é que me tornava "eu mesmo" – o que era uma qualidade, e não um defeito. Notei que estava *Certo* na minha forma de ser, porém, se eu fizesse qualquer coisa que saísse do que intitulava como padrão *Certo*, corria o risco de ser ridicularizado, discriminado, sofrer *bullying*, chacota, servir de piada para os outros, criando separação e distinção, desenvolvendo uma exclusão.

Logo que entrei na escola, minha primeira experiência social, percebi estar em uma espécie de campo de batalha, caso decidisse não ser igual aos outros. Não restava muita possibilidade de ser o que se é em nossa individualidade, que marca nossa singularidade natural de existência.

Nessa mesma época, percebi que as pessoas faziam um grande esforço para se sentirem incluídas, desenvolvendo uma adaptabilidade às situações para fazerem parte de algum grupo. Desenvolvendo, inclusive, características, gostos, comportamentos, atitudes e afinidades para, justamente, conseguirem se sentir pertencentes a algo. Notei um grande medo de serem postas à parte, serem excluídas, sozinhas. Contudo, ao abandonarem sua própria individualidade e tentarem ser igual aos outros, as pessoas já excluíam a si mesmas. Portanto, mesmo que estivessem acompanhadas, nunca eram totalmente parte daquilo, eram uma farsa.

Concluí que, em nossa sociedade, todo mundo quer ser igual a todo mundo para fazer parte de um sistema, de um grupo. Na minha longa caminhada por vários países em que tive a oportunidade de viver em várias tribos, presenciei a formação de diferentes grupos como os *hippies*, os *punks* e os *nerds/geeks*. Achei engraçado sua tendência de se agruparem, de criarem uma filosofia de vida, os próprios *Certos* e desenvolverem uma rejeição por todos os outros grupos que pudessem divergir, ser diferentes do que eles instituíam como *Certo*.

É interessante notar aqui que esses grupos pregavam sempre a liberdade. Queriam, de alguma forma, chocar a sociedade. Eram *rebeldes com causa*, embora se pensarmos muito bem, não exista uma causa propriamente fundamentada em valores que os pudessem enobrecer. A necessidade desses grupos de serem aceitos pela diferença, por se sentirem discriminados por entrarem em desencontro com os padrões da sociedade, os torna fechados no seu próprio *Certo*, assim como a própria sociedade, com seus valores, faz com que eles discriminem da mesma forma que sofreram discriminação.

Outro aspecto que percebi no comportamento humano foi que cada pessoa aprendeu, gradativamente, a aceitar apenas aquilo que é igual ao que possui. Consequentemente, ela mesma rejeita as pessoas diferentes daquilo que tolera, permite e aceita. Portanto, o indivíduo não sabe amar para além dele mesmo e só ama aquilo que lhe é semelhante. Logo, não ama verdadeiramente.

Se na sociedade todos procuram ser iguais a todos para se sentirem amados, valorizados, aceitos e as pessoas só aceitam aqueles que são iguais a elas mesmas, quem é que está conseguindo, de fato, ser verdadeiro? Ninguém, pois todo mundo é falso por ficar tentando ser algo que não é, entrando em conflito consigo mesmo. Por isso, eu sempre quis ser verdadeiro, porque a verdade está naquilo que eu sou. E é na diferença que está a minha própria referência.

Quando pensei nisso, despertei para o seguinte pensamento: "Ser comum é não existir. Viva a diferença!".

A tendência de querer ser comum, passar desapercebido, não ser notado, não estar em evidência existe por medo da rejeição, do julgamento do outro, do que os outros vão pensar. Mas o fato é que os outros vão sempre pensar alguma coisa, eles têm cérebro para isso, não podemos ficar preocupados com isso. Reprimir o que somos por medo de sermos rejeitados já faz com que rejeitemos a nós mesmos! É, no mínimo, insano esse tipo de pensamento, que afeta profundamente a autoestima. Lembre-se: quem sabe amar vai aceitar a diferença. E quem não o aceita na forma que você é, não sabe amar. Portanto, você não pode, nunca, considerar a opinião dessa pessoa, porque ela não tem noção do valor além dela mesma.

Para conseguir amar é necessário matar algumas crenças limitantes e desapegar daquilo que aprisiona. Com a morte daquilo que não tem mais valor, ficamos livres para encontrar o verdadeiro amor.

Pela similaridade já estabelecemos automaticamente uma aceitação por afinidade, por pertencer à mesma espécie. Nós nos familiarizamos por haver partes de nós semelhantes em algum aspecto presente no outro, mas nunca em sua totalidade. Entender a nossa semelhança com o outro facilita o *Processo* de aceitação; mas o que nos torna diferentes é que cada um tem seu modo de pensar e de agir perante o mundo. E são justamente essas características da personalidade que tanto podem nos unir e integrar, como também nos separar.

O *Certo* de cada um é justamente o fator capaz de aproximar, facilitar a atração, por afinidades e mesma frequência. Os interesses são o que personifica uma pessoa, e eles também servem para criar relações com outras pessoas.

Quando se perde a *Referência de Origem*, na tentativa de se sentir encaixado no meio social para ser considerado *Certo*, a *Consciência* individual deixa de prevalecer na relação com os outros, e só é valorizado o que pertence à *Consciência* coletiva. Quando isso acontece, ocorre um deslocamento de tempo e espaço da *Referência de Origem*, que pertence e diz respeito a ela mesma. Simultaneamente, passa a vigorar a referência baseada na *Consciência* coletiva, ou seja, no momento que se desconecta, desliga de uma referência já se está conectado a outra. A perda da referência individual gera uma sensação de vazio e falta.

A partir disso, ocorre uma exclusão da individualidade de seu próprio entorno, fazendo a pessoa se fechar no seu mundo. A referência a partir do outro faz com que a pessoa queira suprir sua individualidade com o coletivo. A inversão da polaridade a transforma em um ser egoísta que age por interesse para suprir apenas a si mesma.

Convém ressaltar que, dentro desse contexto, muito dificilmente vai se encontrar amor e realização. Para quem fizer essa escolha e essa inversão, o seu resultado vai corresponder e estará *Certo* para aquilo que ela escolheu. Quando é perdida a *Referência de Origem*, a sensação é de ficar deslocado dentro de si. Nesse instante, a *Referência de Processo* passa a vigorar, e o *Mal* já está estabelecido.

O que singulariza um indivíduo são seus aspectos, entretanto, uma das formas mais interessantes e complexas que difere cada indivíduo é a sua personalidade.

Existem várias teorias sobre a personalidade, cada uma traz seus pressupostos, conceitos e referências básicas. Elas são definidas por um conjunto de características peculiares relativamente estáveis pertencentes a cada pessoa, como a maneira de perceber, pensar, sentir, se manifestar e agir. Essas características estão presentes na maneira como a pessoa percebe o mundo a sua volta e diante dos acontecimentos. Revelada no comportamento, a personalidade de cada um está *Certa* por estar de acordo com o seu *Processo*.

Quando as pessoas simpatizam umas com as outras, acreditam e gostam das mesmas coisas, nesse instante formam uma unidade por identificação e, como vibram na mesma frequência, a energia de troca estabelecida por elas será similar nesse aspecto. A expressão e a comunicação ficam facilitadas, o fluir e a troca permitem uma relação amigável, fazendo com que ambas se tornem receptivas e abertas ao conhecimento saudável por estarem, digamos assim, sonantes e no mesmo comprimento de onda.

Essas *Referências de Processo*, por meio das interações, vão personificar e definir a identidade de cada pessoa. A contribuição para sua formação virá de suas crenças, seus conceitos e seus valores, características responsáveis pela construção de seu caráter, sua noção de moral e sua ética. Seu *Processo* e a realidade vivida estarão de acordo com seu desempenho, gerando um determinado resultado segundo o qual está *Tudo Certo* para cada pessoa.

Embora pertençamos a uma mesma raça humana, o *Processo* é único e singular, e cada pessoa terá sua respectiva jornada de ensino e aprendizagem, que também será única.

Toda a existência possui* Sentido, Razão e Propósito *na sua* Origem. *O acaso não existe.

9

A REPRESSÃO E A IMPOSIÇÃO

A criança pura, perfeita, amorosa, espontânea e livre se depara com a primeira realidade adversa com seus pais e sua família. É importante salientar que uma criança, por possuir essas qualidades, desperta o amor em tudo o que a circunda. Faz nascer esse amor nos seus pais, desperta neles o sentimento de proteção, faz com que desenvolvam o saber zelar pelo que ama e favorece o sentido de responsabilidade. É impressionante que esse ser, que não fala sequer uma palavra, já consiga influenciar tanto o seu meio. Entretanto, à medida que avança no seu desenvolvimento, as projeções dos pais e da família começam a surgir. Nesse contexto, há uma tendência dos pais, cujo *Processo* deixou marcas não curadas no passado, de quererem suprir suas mazelas a partir da projeção sobre seu filho, sem ao menos perguntar se ele está interessado nisso.

Com isso, temos aqueles pais que querem dar tudo o que não tiveram, que querem suprir o que não foi suprido e começam, gradativamente, a tentar curar a si mesmos pelos próprios filhos.

Ao fazer isso, inconscientemente, porque nenhum ser com *Consciência* agiria dessa maneira, começam a tentar compensar suas carências, traumas e *Processos* mal resolvidos por meio dos filhos, chegando até a imporem as suas verdades. Aquele ser, que não conhece o não, aprende o que é restrição, muitas vezes sem a mínima explicação. Assim, retira-se a liberdade e a espontaneidade da criança.

A repressão da vontade desse ser puro e a imposição daquilo que é considerado *Certo* faz a criança começar a entrar no universo caótico da dualidade do *Certo*, permitido, e do *Errado,* que não é aceito. Isso faz com que ela se sinta mal, caso persista em seu comportamento. Com isso, a amorosidade vai se perdendo, cedendo lugar a uma batalha de personalidades, tentando personificar o outro, por meio de sua imposição, como se os pais fossem deuses, fazendo dos filhos pessoas à sua imagem e semelhança.

Os pais, munidos com suas bagagens adquiridas durante o seu *Processo* do que consideram ser o *Certo* e *Errado*, vão influenciando e educando por meio da imposição do que consideram favorável ao bom desenvolvimento daquela criança. Normalmente, isso acontece não de uma forma *Consciente* e voluntária, mas sim em razão desses mesmos pais terem seus *Processos* mal resolvidos presos ao *Inconsciente*, decorrentes dos traumas e conflitos que viveram ao longo do seu *Processo*. Esses, por sua vez, vieram dos seus pais, avós, bisavós, tataravós...

Portanto, existem enraizadas, por vezes, de maneira *Inconsciente*, muitas *Referências de Processos* mal resolvidas no próprio *Inconsciente,* que fazem com que eles tendam a se replicar constantemente, formando experiências repetitivas.

É importante para os pais aprenderem com seus filhos a manter a pureza do amor, para então conhecerem que não existe o *Errado.*

A repressão e a imposição correspondem ao autoritarismo. Significam não saber agir com autoridade. A ideia opressora e repressora está presente nas memórias e na genética dos seres humanos por meio de inúmeros acontecimentos que marcaram época. Trazemos dessas memórias, embora hoje a liberdade pareça estar mais presente, referências incrustadas em nossa personalidade. É importante salientar que muitos *Certos* que hoje fazem parte da nossa sociedade eram considerados *Errados* tempos atrás. Portanto, ninguém é detentor da verdade absoluta sobre o que de fato é *Certo*, quando esse está comprovado e constantemente se alterando em cada fase de nossa história.

A imposição do *Certo* causador da opressão da liberdade contribuiu para que o universo feminino ficasse aprisionado, com muita resistência a sua libertação até os dias de hoje. A falta de respeito, a ausência de amor e a brutalidade contribuíram para muitos conflitos ao longo dos tempos.

A condenação das pessoas consideradas *Erradas* dentro do sistema permitido e aceito nas sociedades do planeta como um todo, presente em todos os países, sem exceção, faz com que o ser humano oprimido e reprimido ainda não saiba o que é a liberdade para amar.

A tentativa de conseguir quebrar essas barreiras do que é permitido, considerado *Certo*, e do que não é permitido, considerado *Errado*, está presente em toda a violência, ódio e desamor de nossa sociedade.

Por isso que até hoje a raça humana não conseguiu atingir uma grande evolução, devido às restrições a tudo considerado novo. Esse radicalismo persistiu e ainda persiste fortemente enraizado em nossa sociedade. Isso ocorre porque o que concluímos como *Certo* transmite uma sensação de segurança. Consequentemente, ao ter que abdicar dessa referência, existe um *Processo* de instabilidade. Como resultado, o medo e a insegurança fazem com que haja uma relutância e uma antipatia a qualquer coisa nova e que abale a estrutura do que é considerado *Certo*.

Muitos foram os acontecimentos ao longo da história humana que impossibilitaram avanços a nível social, cultural e científico em razão da forte opressão religiosa que considerava servidora do demônio ou bruxa qualquer pessoa que tivesse alguma crença diferente do que era ditado como *Certo*. Convém mencionar aqui que toda a fitoterapia, como óleos essenciais e tantas outras medicinas naturais que hoje são aceitas como *Certas*, no passado fizeram com que muitas pessoas fossem queimadas vivas.

10

RESTRINGIR É LIMITAR

Quando a imposição do considerado *Certo* acaba por condicionar e limitar o crescimento do outro, passa a entrar em desacordo com a liberdade de escolha e interfere no direito de desenvolvimento natural e livre que cada um possui. A verdade de cada pessoa é criada a partir das suas referências e será definida e instituída como verdade. Essa verdade relativa, criada pela mente humana, não necessariamente significa que é uma verdade absoluta. Ou seja, ninguém é possuidor da verdade absoluta, porque cada verdade está restrita às condições do meio a que corresponde o *Processo* de cada um.

Quando impomos a nossa própria verdade, já estamos considerando que a verdade do outro está *Errada*, e caso ele concorde ou duvide da sua própria verdade, já o estamos induzindo a possivelmente se sentir culpado por aquilo que ele é. O conflito de verdades pode ser uma disputa muito agressiva e ofensiva, dependendo de como cada pessoa vai interpretar esses embates de *Certos*.

Esse tipo de conflito nos relacionamentos, dependendo da segurança e confiança de uma das partes, pode levar a pessoa a desistir da sua verdade, caso queira ser amada e aceita pela outra pessoa. Esse tipo de disputa de poder é comum nas relações do tipo dominador e dominado, submisso e autoritário, onde ambas estão *Certas* uma para outra, porque acabam criando uma outra verdade relativa ao tipo de relação que ambas permitiram criar, e *Tudo Certo*!

A imposição que gera rejeição e interfere na liberdade de expressão e aquisição de conhecimento é uma atitude ditatorial, opressora, repressora, que não corresponde à energia do amor. Portanto, não existe pessoa autoritária, dominadora, opressora ou impositora que saiba amar.

Digo isso porque se a pessoa só amar se obedecer às ordens do outro, oprimindo seu poder e autoridade, é fácil deduzir que essa atitude não é, de forma alguma, a energia do amor. Todo o indivíduo que impõe sua verdade pagará uma fatura muito alta: a solidão.

Se o limite daquilo que se tolera, permite e aceita for muito pequeno, isso impossibilita o envolvimento com algo novo. Faz a pessoa se fechar em si mesma, a torna antipática, o que contribui para que não fique receptiva. Consequentemente, limita o saber receber que interfere no fluir natural das coisas, atrapalha a prosperidade e a própria abundância. A amorosidade precisa de um terreno fértil para poder germinar, crescer e gerar frutos. Quando há imposição, o terreno tende a ficar árido e seco, nada germina na vida de uma pessoa ácida e azeda, porque ela tirou o prazer e eliminou a alegria da aventura em viver e se renovar constantemente.

Quando alguém pensa que sabe tudo, que é dono da verdade e a impõe, apenas se torna prepotente. A maior autoridade de um ser humano é saber que muito sabe, mas ainda há muito a aprender. O *Processo* não termina hoje nem amanhã. É infinito.

O desamor quando há diferença

A antipatia impossibilita o saber unir para poder integrar. Quando estabelecemos uma relação com os outros, permitimos a troca por meio da qual vamos conhecer o outro e o outro vai nos conhecer. Com isso, constatamos afinidades e diferenças, divergências sobre determinada situação. Contudo, são visões de acordo com o conhecimento de cada pessoa que está *Certo* para ela e que deve ser respeitado. O desamor nasce quando se rejeita o outro por aquilo que ele é; significa que a experiência da flexibilidade, saber estar receptivo às mudanças e aberto a conhecer para estar em harmonia necessita de tolerância. Isso implica diretamente saber respeitar que cada um está no seu tempo. Quando achamos ou consideramos o outro muito lento ou nos consideramos mais lentos que os outros, impossibilitamos o aprendizado na relação que estamos vivendo. Ou seja: sempre vamos encontrar alguém que estará à frente de nós. Outros que estarão atrás de nós. Não podemos impor que todo mundo esteja no mesmo tempo, que caminhe lado a lado o tempo inteiro com nós mesmos, porque cada um está no seu espaço e no seu tempo. E se manifesta de acordo com seu *Processo*. Cada um vive em seu tempo, que está *Certo* para seu *Processo*, o que pode estar em desacordo com o tempo da outra pessoa.

Um dos grandes aprendizados da vida na questão do amor é perceber que sempre teremos alguém que estará à frente, que vai nos passar conhecimento para que possamos nos deslocar para o tempo dele. Vamos aprender, como também vamos ensinar a quem sentimos estar para trás.

Um exemplo disso é a relação de pais e filhos, em que os pais passam a instrução para esse filho, que está para trás no que esse refere a conhecimento.

Tenho observado em alguns acontecimentos sociais alguns pais brigando com seus filhos, exigindo que eles tenham uma atitude como seria a deles. Eles não têm a amorosidade de perceber que a criança age de acordo com o seu saber, e que irá funcionar de acordo com o seu tempo e com o seu conhecimento. É importante que os pais saibam replicar o seu conhecimento para o filho para tentar trazê-lo ao mesmo nível de conhecimento deles sem fazerem os filhos se sentirem mal por aquilo que eles são. A agressividade, a violência e a intimidação quando se percebe que o outro tem um comportamento divergente e que não está de acordo com o que se espera dele faz com que a pessoa que está na posição de replicar o conhecimento como um professor, ao perder a razão e ao se descontrolar, demonstre o quanto ainda é infantil e desprovida de *Consciência*. Não está desempenhando o papel de professor.

Nesse exemplo dos pais e filhos é facilmente notável a diferença de idade e as condições revelam serem realmente os pais os que devem replicar seu conhecimento. Mas toda vez que não toleramos, que nos irritamos, nos descontrolamos, julgamos e até criticamos uma pessoa por não agir como nós agiríamos, não ser como seríamos, isso denuncia a falta de percepção sobre a relação com o outro e de que cada um age e existe no seu próprio tempo. Consequentemente, a falta dessa percepção dificulta entender que cada um está *Certo* de acordo com o seu *Processo*.

Não aceitar que o outro aja no tempo dele, demonstrando impaciência e considerando-o lento, pode fazer com que a pessoa atropele as situações e prefira fazer ela mesma as coisas a ter que esperar pelo outro. Quando isso acontece, transmite, inconscientemente, desvalorização e desrespeito. Essa impaciência tende a fazer com que não se espere por ninguém, que se queira resolver tudo do seu jeito, que se preveja possíveis erros dos outros e, por achar que só ela sabe fazer *Certo*, torna-se centralizadora e dominadora. Em casos extremos, isso pode fazê-la absorver o que não lhe pertence, capaz de tornar os outros preguiçosos e inertes à sua volta. Também tende a considerar o outro incapaz, desenvolve um sentimento de "Eu sou forte o suficiente e não preciso de ninguém", o que a faz ficar sozinha, carregando tudo e todos como um burro de carga.

Sem ter *Consciência*, a pessoa que vive esse sentimento é capaz de brigar com os outros quando sente que os outros podem estar abusando da sua boa vontade, sem perceber ter sido ela a criar toda essa situação! Dentro desse contexto, escolhas são feitas, resultados são gerados e esses estarão sempre *Certos* para ela.

Um dos aprendizados da minha vida foi que, ao ensinarmos alguém, duplicamos o nosso conhecimento e adentramos um *Processo* natural de replicação, capaz de envolver os seres humanos, tornando-os cúmplices nesse *Processo*. Dessa maneira, atraímos pessoas que também vão repassar seu conhecimento para nós. Ou seja, aprendemos e ensinamos, ensinamos e aprendemos. Existe uma ordem que se dá naturalmente entre as pessoas para que elas possam estar seguras por meio desse conhecimento.

Assim, como já foi mencionado, na *Inconsciência* nascemos sem o conhecimento, porque evoluímos do desconhecido para o conhecido. Quando alguém nos ensina, está replicando o seu conhecimento e quando ensinamos estamos dentro desse círculo de troca. Quando alguém percebe que o outro não tem conhecimento e faz com que ele se sinta mal porque não sabe, está diretamente entrando em conflito com essa lei natural de transmissão de conhecimento, que serve para facilitar a vida e o desenvolvimento. Essa lei natural pertence a energia amorosa, por estar o amor diretamente ligado à questão da preservação. Quando isso acontece, ao fazer o outro se sentir mal por não ter o conhecimento, existe uma multiplicação de mal-estar. Isso implica que a pessoa, ao aceitar ficar mal porque não sabe, permitiu se tornar cúmplice desse *Processo*. Portanto, existe uma relação de cumplicidade tanto para o *Bem* quanto para o *Mal* de acordo com a forma com que cada um vibra segudo seu *Processo*, que estará sempre *Certa* por corresponder à mesma afinidade.

Metaforicamente, é trazer alguém para o degrau onde estamos, ser puxado por outra pessoa vai nos puxar para o degrau onde está a duplicação do conhecimento para o *Bem*. No sentido contrário, empurra-se a pessoa escadaria abaixo: ainda se ri e zomba dela.

Lembre-se: um dia você esteve onde ela está agora.

Nunca faça alguém se sentir Mal por não saber algo. Não diga "Como assim não sabe?" Nunca faça alguém se sentir Mal por aquilo que é, porque o domínio do conhecimento implica respeito por aquele que não o possui.

Aprender que só será aceito se for igual aos outros

Quando fazemos com que o outro se sinta mal por aquilo que ele é, podemos induzi-lo a só aceitar a si mesmo se conseguir ser aquilo que os outros esperam dele.

Nesse instante, essa pessoa vai criar um ideal daquilo que deve ser para conseguir resolver o conflito da rejeição que sofreu por não ser igual aos outros. Essa tendência gera insatisfação com aquilo que ela é, faz com que comece a se cobrar no sentido de precisar ser, contribuindo para a formação de ansiedade.

A ânsia de ser, a projeção de que precisa alcançar algo, desloca a pessoa de seu espaço e de seu tempo, tornando-a competitiva com ela mesma. Ela passa a se considerar *Errada* e fica o tempo todo tentando ser a *Certa*, aquela que os outros aceitarão.

A família e os pais representam a base de segurança de um indivíduo; ter uma família instável e pais em conflito, ausentes (mesmo que presentes), sem desempenhar os seus devidos papéis de referência para uma criança, a deixa sem sua *Referência de Origem.*

Eu considero como arquétipos de referências a mãe na figura da segurança e o pai na figura da confiança. Sem eles, a criança fica desorientada, não sabe onde está e para onde vai, fica sem um norte, carente de proteção/segurança, sem o apoio e a confiança que a projete para o mundo. Dessa maneira, instável, cria-se uma dúvida sobre suas próprias capacidades atrelada ao medo de errar e a culpa caso venha a perder, o que a faz travar diante do desconhecido. Assim, quem se desenvolve nesse cenário já está pretenso a não acreditar em sua própria segurança, capacidade em se autoapoiar e na confiança de desbravar a vida para adquirir novos conhecimentos. Quando o indivíduo perde suas próprias referências, tende a desacreditar na capacidade de se autoapoiar em suas iniciativas. Quando isso ocorre, junto com a ausência de referência ou abandono, surge a sensação de estar perdido, e torna-se necessário ter que aprender a triste experiência por meio dos seus erros e acertos.

A QUEDA

PARTE II

Há momentos na vida em que podemos sentir como se o tempo tivesse parado. Não conseguimos seguir em frente nem evoluir em determinado aspecto da existência.

Já parou para pensar que, em vez de culpar o mundo, você pode ser o próprio causador desse problema? Que poderia estar se autossabotando ao ter sua expressão condicionada por toda uma influência do meio onde nasceu e cresceu?

Perdida de suas *Referências de Origem*, a pessoa constrói o seu *Certo* e *Errado*, que servem de referência em sua busca para atingir o ideal que criou de si mesma e o ideal para assemelhar-se aos outros. Ela procura em vão se sentir unida e integrada. Fica perdida, entra em queda, à procura de si mesma, e encontra apenas o sentimento que mais causa estagnação e inércia: a dúvida. Essa é oposta à certeza, completamente contaminada pelo universo dual e oposto. A pessoa se vê inserida na pilha do *Errado* ou no grupo dos excluídos, que é formado por preconceitos, rejeição, desvalorização, discriminação e falta de reconhecimento. Assim, acaba fazendo parte do que mais teme: estar onde nunca gostaria de estar, se sente *Errada*. E estar *Errada*, nesse caso, significa de forma ampla estar excluída.

Quando tenta estar *Certa*, a pessoa já admite estar *Errada*, porque quando eu quero eu não sou. Ela perde sua *Referência de Origem* e cria um ideal de como poderia agir ou ser para conseguir atingir esse objetivo. Em consequência disso, cria um conflito com ela mesma na tentativa de conseguir retornar à sua *Origem*. Assim, necessita resgatar esse eu perdido nas inúmeras tentativas de conseguir se sentir encaixada e novamente pertencente a algo. Ou seja, não se sentir excluída. Com isso, ela conhece a solidão e tem a sensação de abandono mesmo estando na presença e no convívio de muitas pessoas.

A solidão é a sensação mais terrível em relação à energia do amor, porque é onde se perde a união e a integração e encontra-se desnorteado. Essa solidão, por mais que se tente resolver, nunca depende dos outros, ou de estar com alguém, porque se refere à solidão da pessoa com ela mesma.

Eu considero a solidão o grande *Mal* de todos os tempos. Da mesma maneira, a insatisfação por não se estar em plena união e integração com a vida é a causadora de outro grande distúrbio no mundo moderno, conhecido como ansiedade.

A frustração por não conseguir ser o que os outros desejam e de não atingir o que considerou como ideal para si mesmo contribui para a sensação de decepção e angústia. É importante ter cuidado para nunca se sentir mal com o que somos, ter compreensão e compaixão por nós mesmos, compreendendo que já demos *Certo*, que temos um corpo, um espírito e uma alma. Só temos que desbravar a vida sendo nós mesmos e não entrando em conflito com o que somos ao valorizar o que pretendemos ser. Dentro desse contexto, por meio daquilo que se permitiu despertar e escolheu manifestar, gera-se um resultado que está sempre *Tudo Certo*.

A dúvida do "será que vai dar *Certo*" e o medo de errar fazem justamente a pessoa não conseguir atingir o que almeja, e como consequência disso, por vezes se sente incapaz e inútil. Quando temos o sentimento de que somos inúteis, isso entra em conflito com a própria existência, porque para o universo tudo o que existe serve e presta para alguma coisa.

Esse sentimento causa sensação de vazio pela perda de toda e qualquer *Referência de Origem*. Assim, a pessoa fica à deriva, perde uma das maiores conquistas presentes em tudo o que existe: ocupar espaço e ter o direito de manifestar-se livremente no seu tempo existencial. Nesse contexto, a pessoa acabou de promover para ela mesma uma realidade que eu chamo de "o insustentável peso do ser".

Suportar esse tipo de situação é muito difícil, porque as forças de motivação, ânimo e de vida ficam deficitárias. Causam, como consequência, a diminuição da força vital e fazem a pessoa penetrar no mais profundo do seu ser: ela entra em queda, se perde no escuro de si mesma, nesse *Mal Inconsciente*, que ela mesma escolheu. Ela se vê no fundo de sua própria existência e tem que lidar com essa opção por ter permitido se sentir inútil. E isso está *Certo* para ela.

As pessoas não são vítimas dos *Processos*. Não podemos culpar uma situação que nos prejudicou ou que de alguma forma nos fez ficar mal. Lembre-se: tudo é um convite. Seremos aliciados e tentados; no entanto, a escolha cabe a cada um. Isso estabelece uma relação e uma conexão, o que define o que se é e ao que se serve. O teste é permanecer imutável nos valores imperecíveis da verdade que serve aos princípios morais e éticos correspondentes à *Essência* da pessoa. Quem escolhe ficar mal deixa de servir aos princípios que regia e passa-se a ser regido por outras forças que vão conduzir e definir novas direções que estarão sempre *Certas* por estarem de acordo com sua procedência.

A necessidade de se sentir seguro faz com que o ser humano tenha que atribuir significados às suas vivências, experiências e percepções como parte do seu *Processo* de análise e interpretação do mundo. Quando se define, encerra-se e conclui-se aquilo que representa determinada situação: conceitua-se e atribui-se um valor, nomeia-se para servir de referência.

A partir disso, define-se o que serve às próprias necessidades como bom, e isso é automaticamente conceituado como *Certo*. Qualquer coisa diferente será definida como oposta, passando a ser considerada como antagônica, com sentido ruim, que não presta, não serve, que é má e *Errada*. Entretanto, os valores são muito subjetivos para cada pessoa de acordo com seu nível social, seus interesses, suas afinidades, entre tantos outros fatores. O conflito nasce justamente dessa definição antagônica e oposta. Ao se favorecer uma coisa em detrimento de outra já se está apreciando uma coisa e depreciando outra: faz algo ser bom e o oposto disso ser mau. Esse antagonismo separa e não une por valorizar o que está *Certo* e desvalorizar o que está *Errado*, criando um conflito com a existência. Consequentemente, com esse conflito, desrespeita-se essa mesma existência e leva-se o ser humano a criar de forma *Inconsciente* o *Julgamento Comparativo*.

Esse antagonismo entre o *Certo* e o *Errado*, segundo minhas observações, contribui para a divisão da pessoa dela mesma, de grupos da sociedade e de nações. A grande queda da humanidade vem dessa separação que impossibilita a união e a integração de todos, além de ter criado outro grande *Mal* de nossa sociedade: a discriminação. Assim, enquanto houver essa divisão, não existe sociedade, pessoa ou situação que possa ser definida como evoluída. É essa separação o grande obstáculo de toda a raça humana. Enquanto estiver presente, teremos sempre a sensação interior de divisão que nos faz sentir encontrados e perdidos simultaneamente, adaptados e excluídos, pertencentes e abandonados, conjuntos e solitários, felizes e tristes. Esse antagonismo favorece e desfavorece, eleva e diminui a razão. É o único responsável pelo sofrimento de todos os seres humanos, impossibilitando que se alcance uma sociedade igualitária e justa, com amor e respeito.

11

O TRAUMA

Todas as influências que uma pessoa sofreu na vida vão ajudá-la a se expandir favoravelmente e se permitir evoluir ou, no sentido contrário, criam restrições que a aprisionam em algum setor da realidade de sua vida.

A partir dos meus estudos constatei ser o período de formação, que compreende do zero até os 21 anos de idade, como o de maior vulnerabilidade e suscetível de adquirir traumas mais facilmente. Resolvi separar em três fases: primeira infância (0 a 7 anos), segunda (7 a 14 anos) e terceira (14 a 21). A vulnerabilidade nessas fases é decorrente da não formação total do cérebro, o que só acontece aos 21 anos de idade. Assim, o comportamento adulto só se estabelece após esse período, o que faz com que a pessoa seja ainda considerada criança e sujeita a formar traumas durante esses três períodos.

Durante esse período e sob a regência do *Inconsciente*, os traumas ficam armazenados na área do *Inconsciente*. Eles variam de acordo com as situações e correspondem a certos *Processos* de formação que organizei e defini da seguinte maneira: de 0 a 7 anos são fatores correspondentes aos aspectos de segurança e sobrevivência; de 7 a 14 anos, os traumas têm mais fundo emocional; e de 14 a 21 anos, na formação da identidade e da personalidade. Todos esses traumas vividos firmam acordos no *Inconsciente*, criam verdades que dominam e tornam a pessoa dependente deles.

Isso ocorre a partir de toda e qualquer experiência de luta ou fuga, que libera adrenalina para preparar a pessoa para uma situação associada à *Referência de Natureza*, que corresponde à parte instintiva humana. Essa criará, mediante a formação de algum conflito ou trauma, uma *Referência de Processo* que ficará associada ao acontecimento. Ao marcar a vida da pessoa, essa experiência cria um registro que fica preso na memória do *Inconsciente*. Assim, toda vez que uma pessoa viver uma situação similar, o *Processo* de liberação de adrenalina é acionado novamente, fazendo com que ela viva o mesmo episódio, trauma ou conflito novamente.

A adrenalina é o hormônio que associo à *Referência de Natureza*, porque está ligado às questões instintivas e primitivas de sobrevivência. Ela é liberada pelas glândulas suprarrenais quando a pessoa se sente ameaçada e a prepara para lutar ou fugir do perigo iminente. Assim, esse é o hormônio instintivo, animal, irracional. Essa liberação, de acordo com o acontecimento, possui o seu registro. Portanto, é possível saber exatamente onde e como pode ocorrer o distúrbio físico devido ao *Processo de Referência* metafísica dos órgãos. Partindo desse princípio, o órgão ou a região do corpo servirá de cela para aprisionar a energia, causando o desequilíbrio no sistema. Todas as experiências vividas, quando não são devidamente processadas e são levadas para o lado pessoal, são interpretadas pela pessoa como algo contra ela, e essa forma de avaliação desencadeia o *Processo* instintivo e animal de luta e fuga, associado aos aspectos de sobrevivência. A partir disso, teremos um acúmulo de energias que afetam a capacidade cognitiva e intelectual e, em razão disso, nesse instante a pessoa age irracionalmente.

No momento em que a pessoa passa por uma experiência de aspecto similar, é liberado o *Processo* bioquímico de *Referência de Processo* preso no *Inconsciente*. Nesse instante afloram as memórias e as sensações pertencentes ao *Processo* vivido. Quando isso ocorre, é disparado uma espécie de gatilho, que, quando acionado, inicia a liberação da mesma referência de adrenalina, que acaba por bloquear o acesso à capacidade cognitiva e ao conhecimento. Assim, a pessoa fica sem saber como e onde está a informação que possuía. Fica perdida e confusa no seu interior, no escuro do *Inconsciente*, não consegue acender a luz da *Consciência*, o caminho onde se encontra a informação do saber, e por mais que a pessoa tenha inteligência e conhecimento, fica reativa, perde o controle sobre si mesma, assume uma atitude de defesa e, como resultado, o caos se instaura.

O *Processo* reativo é criado como defesa do trauma vivido que ficou registrado no *Inconsciente* e serve de *Referência de Processo*. A partir disso, o organismo assume a postura reativa como a *Certa*, mas isso infelizmente não ajuda na resolução dos conflitos, pelo contrário: estimula sua permanência. Ou seja, a pessoa perde o controle, muda seu estado de humor repentinamente, altera seu comportamento e atitude, causando mal-estar devido à liberação de adrenalina no organismo.

Assim, a *Referência de Processo* guarda o registro de algo mal resolvido, um conflito ou trauma que exerce domínio sobre a pessoa. Com isso, o registro do acordo com seus respectivos sentimentos é liberado. A adrenalina possui os seus registros bioquímicos e faz desencadear reações como suor, taquicardia, ansiedade e pânico, entre inúmeros sintomas liberados de acordo com a referência. A pessoa se vê ameaçada, o *Processo* primitivo se instaura como se ela estivesse à frente de um predador. O drama se instaura e a pessoa vive novamente as mesmas sensações da experiência do passado vivido.

Por isso, em meu trabalho, antes de ensinar alguém sobre liderança pessoal, motivação e desenvolvimento para qualquer tipo de sucesso, é imperativo que se resolvam todas as memórias que aprisionam e tornam a pessoa inimiga de si mesma.

O trauma físico ocorre quando se sofre um acidente: algo interferiu no movimento de forma abrupta. Os *Processos* não liberados e presos no *Inconsciente* ficam depositados nas celas, representadas metafisicamente por órgãos por onde circulam, na corrente sanguínea, os registros bioquímicos e hormonais.

O mesmo ocorre com os traumas psicológicos quando há alguma interferência no *Processo* que o indivíduo estava manifestando, causando um acidente psíquico/emocional. Saber realizar a gestão das emoções é importantíssimo para que não seja acionado o *Processo* de digestão das emoções que flui pelo sistema físico, o que causa desequilíbrio, porque as liberações bioquímicas geradas pelo acúmulo de desequilíbrios emocionais estão na base das doenças de ordem psicossomática. Como será visto posteriormente, como parte do meu método PHVida – Potencial Humano de Vida, para sanar esse problema, criei exercícios de autocontrole específicos para identificar e neutralizar esses traumas físicos e psíquicos. Eles foram inseridos no meu método PHVida – Potencial Humano de Vida, metodologia com base científica.

Os traumas mais comuns são os relacionados com experiências mais fortes da vida, como um assédio sexual, violência na infância, *bullying*, estados de precariedade ou vulnerabilidade social e muitos pequenos traumas formados sem que a pessoa ao menos perceba.

Como exemplo posso citar uma mulher em seus 40 anos que não se permitia ter prazer na vida, brincar. Ao acessarmos as memórias do passado, ela lembrou que quando criança ficava sentada na cozinha sempre à espera de que algo pudesse acontecer e nunca saía para brincar pelo medo de que algo acontecesse à sua mãe, que estava sempre depressiva em seu quarto. Essa preocupação e o acordo que assumiu de ter que proteger a mãe a fizeram abdicar do prazer ao longo de toda sua vida. Para ela, era *Certo* não ter prazer, algo assumido em seu *Inconsciente*.

Quando alguém diz para uma criança que ela não faz nada direito, nesse momento retrai toda e qualquer expressão de movimento de liberdade e espontaneidade, se retrai, criando um trauma e um acordo no *Inconsciente*. Essa criança, ao longo da vida, pode querer provar que faz as coisas direito ou assumir que realmente não faz nada direito e sabotar todas as suas realizações. E isso estará *Certo* para ela de acordo com o que institui como verdade – *Certo* – no seu *Inconsciente*.

Lembro-me de outro acontecimento impressionante: um menino, ao chegar da escola, veio todo sorridente e alegre para mostrar para a mãe um desenho de uma flor que ele havia feito. A mãe, sempre muito atarefada e justamente na hora do almoço, estava debruçada sobre a pia da cozinha, com as mãos molhadas e ocupadas. Quando o filho se aproximou para mostrar o desenho, ela apenas olhou e disse simplesmente: "Ah, bonito", sem dar a atenção de que a criança gostaria.

Trinta anos depois, esse menino veio fazer uma consulta comigo. Sua tendência de querer comprar os momentos, presentear as pessoas de que ele gostava, tentar agradar e proporcionar alegria o fizera ser maltratado, enganado e traído em três relacionamentos consecutivos, porque no seu *Inconsciente*, de acordo com seu trauma, ele queria mostrar que tinha valor a partir daquilo que proporcionava. E isso estava *Certo* para ele. E não poderia ter sido diferente.

A criança, conforme eu referi no tópico da *Origem*, quando se depara com uma realidade adversa as suas referências da *Essência*, presente na realidade da família e da sociedade, já está sujeita a adquirir traumas.

12

O CONFLITO

O conflito nasce da incapacidade de aceitar a diferença, de querer que prevaleça o considerado *Certo* e rejeitar a verdade do outro. Quando alguém possui algum sentimento de desvalorização proveniente de alguma experiência de vida, vai querer estar *Certo* para mostrar seu valor, porque aprendeu que *Certo* tem valor, e *Errado*, não.

Na dinâmica do *Certo*, está *Certo* a pessoa viver determinada situação por corresponder àquilo a que ela está sintonizada. O resultado não poderia ser diferente e o conflito está *Certo* para essa pessoa por ela ter assumido manifestar e gerar um resultado que lhe corresponde de acordo com a proposta que estabeleceu.

Concluí, então, que o conflito está *Certo* quando avaliamos as situações com a devida propriedade. Mas para poder adentrar mais profundamente, temos ainda alguns passos a serem compreendidos.

O conflito sempre vai existir quando se precisa estar *Certo* por uma necessidade de autoafirmação, e a harmonia é proveniente de se estar seguro, independentemente de estar *Certo*, porque as verdades e as realidades são relativas. Por isso é necessário aceitar as diferenças, por ser justamente nesse momento que a pessoa se depara com o inusitado. É quando se percebe existir outras verdades. Mas infelizmente há pessoas que se endeusam, se acham superiores e donas da verdade absoluta. O que elas não percebem nessa maneira de agir é o distanciamento na relação com os outros, e que isso conduz apenas à solidão que o seu *Certo* proporciona. Elas ficam presas na verdade do seu *Certo*, isoladas na ignorância e incapacidade de aceitar a diversidade, algo diferente de si mesmas.

Na diversidade percebemos o amor em sua grande variedade.

A pessoa que vive o conflito é responsável por manter esse *Processo* e será seu *Certo* gerar esse conflito. Mas ela pensa que ao proteger seu *Certo* vai ficar bem, porque considera que ficará segura, sem sequer perceber que está apenas contribuindo para o seu conflito interior e o conflito exterior é apenas o reflexo das suas coisas mal resolvidas.

Em muitos anos como terapeuta percebi inúmeras pessoas com a tendência *Inconsciente* de agir querendo que os outros sejam iguais a elas. É um tal de "seja a minha imagem e a minha semelhança, caso queira que eu aceite você". Ao mesmo tempo, ficam querendo ser iguais aos outros para se sentirem aceitas, parte de algo e integradas. Consideram que, dessa forma, estarão integradas, mas, na realidade, entram em conflito ao deixarem de ser elas mesmas. Acabam contribuindo para o que não querem, que é a sensação de exclusão, e despertam o *Processo* que conduz à solidão.

A pergunta que sempre lanço para reflexão sobre os relacionamentos das pessoas é justamente esta: "Se você só aceita os outros se forem como você julga ser o *Certo* e fica o tempo todo tentando ser igual aos outros para se sentir integrado, quem de fato está sendo verdadeiro na nossa sociedade?". Nota-se aqui uma inverdade, uma mentira e até uma falsidade, porque a pessoa deixa de ser ela mesma para satisfazer aos outros e quer que o outro deixe de ser ele para satisfazê-la.

No mínimo, essa maneira de atuar vai gerar frustração, pois a pessoa já está em conflito com ela mesma por valorizar algo que não corresponde a sua verdade. Ao criar uma ilusão do que queria ser, com certeza conseguirá apenas o conflito com a verdade e sofrerá com a decepção por não ter atingido o resultado imaginado. Perdida no irreal, a pessoa não percebe estar agindo em desacordo com o objetivo pretendido. Porém, mesmo assim, o seu resultado está *Certo*, por corresponder ao conflito instaurado. Portanto, a pessoa não percebe atuar ao contrário do que deseja alcançar. Consequentemente, de acordo com o *Ato* e a *Consequência*, está *Certa* nessa situação, e não está *Errada*, apenas em desacordo com o considerado aceitável.

Querer dar *Certo*, agindo dessa maneira, só vai fazer com que a tentativa de integrar e unir dê *Errado*, mas isso estará *Certo* para quem quer estar sozinho e em conflito. E é justamente isso que a pessoa não percebe estar fazendo: está usando as ferramentas inadequadas para o pretendido. Convém ressaltar ser da própria pessoa a escolha em querer entrar no conflito e isso pode significar que se identifica ou gosta dele, porque somos o que nos permitimos manifestar. Por isso está *Tudo Certo* por estar de acordo com a intenção do conflito.

A realidade é baseada nas escolhas assumidas, e essa define um objetivo e uma pretensão. Dessa maneira, definirá uma individualidade a partir do seu querer, desejo, vontade e interesse, entre outros impulsos. Assim, tudo segue uma intenção, que cria uma manifestação, que gera um resultado. Ou seja, a partir de uma escolha, por mais simples que seja, definimos uma relação entre o meu eu individual e um universo de diferentes experiências.

A vida é um treinamento que nos capacita a aprender com ela. Tem como objetivo ensinar a nos conhecermos na relação com a qual nos permitimos estabelecer contato. Por meio dessa conexão vamos despertar interesses que criam intenções, definem o que queremos e somos.

Muitas vezes, dizemos que queremos algo, mas, na realidade, por meio das nossas ações revelamos uma intenção contrária ao que almejamos atingir. É por esse motivo que as pessoas não conseguem o que querem e atraem o que não desejam, sem saber que o que atraiu é o que revela seu querer.

A intenção segue a escolha feita e gera um resultado de acordo com esse ideal, independentemente do resultado desejado. Por isso, está sempre *Certo*. No tópico "*Ato e Consequência*" aprofundarei esse tema.

Cada um possui sua própria verdade. À medida que vivemos nossas experiências, nos deparamos com uma realidade adversa. E quando isso acontece, vivenciamos um conflito.

A percepção da dualidade dos opostos, consequentemente a noção do conflito, não é *Consciente* e devidamente desenvolvida. À medida que vivemos as influências, conhecemos as restrições e nos é revelado existir algo considerado aceitável e outro considerado proibido, nos deparamos com o *Processo* de formação de uma separação.

A imposição de crenças, valores, tabus e preconceitos influencia na construção dos valores de cada pessoa, por estarem condicionadas ao que é considerado ter valor e ao que é rejeitado e desvalorizado por não pertencer ao considerado *Certo*. Dessa maneira, passa-se a definir como útil o que serve a esses princípios e inútil o que não corresponde à ideia de valores.

É importante salientar que tudo o que existe tem valor e é útil: serve para alguma coisa, tem sentido, razão e propósito. Assim, pode não servir ou não ser útil para uma pessoa, porque não está de acordo com ela, não corresponde ao seu *Certo*, mas isso não significa ser inútil. Quando queremos aprender a amar e se realmente acreditamos existir uma via espiritual de inspiração, moral e ética, com bons princípios, educação, comportamentos de excelência e respeito aos valores humanos, é imprescindível valorizar toda a Criação, respeitar tudo o que existe. Lembre-se: ninguém gosta de se sentir rejeitado, porque é da nossa natureza o amor que preserva a própria vida. Por isso, o respeito, a amorosidade, a gratidão, a compaixão e a compreensão que contribuem para o estado de empatia, quando imutáveis e praticados livremente, sempre contribuem para uma vida harmoniosa e isenta de conflitos. Porém, em nossa sociedade, já nos foi imposto que somos imperfeitos. Assim, queremos ser perfeitos para nos sentirmos amados, aprovados e aceitos.

O conceito de sermos imperfeitos parte da própria criação do termo *Errado*, que é um dos fortes contribuidores para a formação do conflito, que tem origem em dogmas, sendo um deles o pecado original, usado para contribuir para o aumento do poder de controle da Igreja sobre a vida sexual das pessoas. O pecado original é um termo usado pela doutrina cristã para explicar a origem do que é considerado como "imperfeição humana", responsabilizando o *Mal* por esse *Processo*, o causador de todo o sofrimento.

Em primeiro lugar, essa é uma perspectiva baseada em uma crença, por isso não existe validação comprovada dessa existência. Segundo, é definido como *Imperfeito* o que for julgado estar fora dos valores considerados *Certos*. Ao sermos definidos dessa forma, somos condenados a sermos filhos desse pecado, assim, a própria doutrina discrimina, rejeitando toda pessoa que queira mostrar-se diferente desses valores. Cria-se, assim, a dualidade oposta, o que dá origem ao *Conflito*.

Pelo que me consta, amar é respeitar toda a Criação, tudo o que existe. Esse deveria ser o princípio que rege toda e qualquer doutrina, para justamente não criar *Conflito* com o próprio Criador de toda a Criação, o Deus que dizem representar. A partir dessa conceitualização, define-se e institui-se os seres humanos como pecadores, condenados por algo natural, sem a hipótese de escolha. Como podemos ser condenados por um suposto pecado original que já nos insere culpa pelo possível erro de um tal de Adão e de uma tal de Eva que comeram o fruto de uma árvore proibida?

Se esse fruto não era para ser provado, por que Deus o colocou lá? Se não queria que o ser humano tivesse o conhecimento a respeito do *Bem* e do *Mal*, era só excluir essa árvore do jardim e *Tudo Certo*! Isso leva a crer que Deus, então, a colocou lá de propósito para testar a curiosidade do ser humano, curiosidade essa que faz parte das características do ser humano, fruto de sua própria criação. Assim, nem em termos de espiritualidade nem científicos faz sentido essa alegoria sobre os princípios de nós seres humanos. O fato é que somos, sim, criativos e criadores, capazes de gerar resultados, cujo impulso nasce do *Certo* e do *Ato* do *Bem* e o *Mal*. Só vamos saber e conhecer quando percebermos que o resultado não foi o desejado, prejudicando algo ou alguém. Mas, se evoluímos do desconhecido para o conhecido, não podemos ser culpados por não saber.

No mínimo, essa afirmativa de pecado original contradiz a própria espiritualidade, o divino, talvez até Deus, e o coloca como um carrasco ao provocar a curiosidade que ele mesmo implantou no ser humano. Por isso, muito me estranha essa imposição e proibição de Deus, que julgo ser a fonte do amor. Sendo assim, não existe razão para esse pecado, ou seja, está *Tudo Certo*.

Somos sujeitos a gerar resultados que podem ser considerados *Errados*, rotulados pelas religiões como pecado, o que significa estar no sentido oposto aos desígnios divinos. Conforme mencionei anteriormente, nascemos *Puros*, sujeitos às influências do meio, e vamos perdendo essa natureza. Somos induzidos a sermos iguais aos outros e reprimidos quando divergimos do considerado *Certo*, e na tentativa de nos adaptarmos ao meio, idealizamos o que devemos ser para nos sentirmos inseridos no sistema. A criação desse ideal gera conflito com a nossa própria referência. A tendência natural da sociedade é aceitar aquilo que é similar e que compreende o que se considera correto.

A criança, induzida a se rejeitar por uma necessidade de sobrevivência para não se sentir excluída, começa a criar um ideal para ser aceita. Perde sua espontaneidade e se transforma de acordo com o seu meio, como um camaleão, muda de cor de acordo com a situação. Depois de algum tempo, pode perder a conexão com suas próprias referências, deixa de ter uma *Consciência* individualizada e passa a ter uma *Consciência* coletiva que se assemelha aos outros.

Sua individualidade reprimida a torna falsa por não conseguir ser integralmente ela mesma, desenvolvendo alguns comportamentos característicos desse contexto, como anular o próprio prazer para agradar aos outros, revoltar-se por não se sentir aceita, ser rebelde para chamar a atenção. Ela pode perder seu poder de agir e de saber materializar, e desenvolver carência e dependência, além de ficar fechada em seu mundo, solitária, fingir ser mais forte – o que faz com que se sinta autossuficiente, mas a deixa triste e angustiada, sem saber sequer o motivo –, entre várias outras maneiras que cada pessoa pode desenvolver a partir deste cenário hostil.

São muitas as maneiras que cada pessoa pode reagir diante desse terreno ardiloso onde amar pela diferença, respeitando cada um como é, ainda é pouco desenvolvido.

A sociedade cria um ideal dentro desses aspectos, condiciona e limita a expressão da individualidade. Um exemplo disso é a menina brincar de boneca e de casinha, ganhar roupas rosas, características que ela deve assumir, impondo que o seu destino e personalidade já estão determinados. E para o menino não é diferente. Ele é posto para brincar de carrinho, para competir, e o induzem a ser um conquistador. A distinção de gênero e a imposição das características citadas obrigam de início a criança a se encaixar nesses modelos.

As memórias das *Referências de Processo* presas no *Inconsciente* dos conflitos e traumas vividos, com o passar do tempo, tendem a tornar a pessoa reativa como mecanismo de defesa ou pela ausência de conhecimento, o que a imobiliza diante da situação ou pessoa vinculada a essas memórias. Essa *Reação* também pode ser despertada por similaridade ao momento em que se viveu a experiência traumática, então ela pode se retrair ou perder o controle. Quando isso ocorre, revela-se que a pessoa se sentiu *Errada* e/ou foi impossibilitada de adquirir o conhecimento.

Isso acontece da seguinte maneira: a pessoa vítima de um opressor, pessoa autoritária ou dominadora em um primeiro momento se retrai e se reprime, assume ser inferior pela sua própria condição. Isso passa a vigorar como o seu *Certo*. Ela assume que isso faz parte de sua vida e que está *Certo* para ela. Entretanto, chega um belo dia, ao migrar da *Inconsciência* e sendo chamada, instintivamente, para ir para a *Consciência*, ela resolve se rebelar. Nesse instante, torna-se uma pessoa reativa ou pode passar pela vida travada e sem reação alguma. É importante mencionar que existe uma cumplicidade nessa relação e que estão *Certas* uma para outra.

Entre ficar no conflito com o outro e ficar no conflito consigo mesmo, o melhor é apenas ser você mesmo e ser verdadeiro. Lembre-se de que o conflito está em quem não aceita algo diferente e que divirja do seu *Certo*. Conclui-se, assim, essa pessoa só sabe amar a si mesma e não ao próximo. Portanto, não interessa a opinião dela sobre si mesma. Lembre-se: quem ama aceita pela diferença. Quem não sabe amar não deve ter sua opinião levada em consideração, por ser uma pessoa desinteressante pelo ato de discriminar.

13

A CRIAÇÃO DO CERTO E DO ERRADO

Preconceitos e conceitos

Existe a tendência de nos depararmos com um universo diferente daquilo que nos disseram ser certeza, que passa a não parecer assim tão *Certo* como imaginávamos. Quando isso ocorre, percebemos uma realidade adversa e, quando ela está vinculada a alguma referência de segurança, a pessoa fica mais receptiva a aceitar essas mudanças. Porém, caso o conceito interfira nessa referência de segurança, a pessoa tende a ficar com medo de aceitar e abandonar suas crenças e não fica receptiva para renovar os seus conceitos pessoais. Todo conceito vira preconceito ("pré-conceito") quando outra verdade substitui as referências anteriormente adquiridas. No entanto, não podemos sequer nos contrapor, se não corrermos o risco de ficar excluídos, sozinhos nesta Terra onde aparentemente parece que todos estão unidos, mas, na realidade, andam na sombra das suas poucas vontades conjuntas e reais verdades.

Quando observamos a nós mesmos na relação com o meio, sempre percebemos a diversidade pela diferença. Embora sejamos todos humanos, antes de tudo somos entes únicos e ocupamos um espaço igualmente único.

Dessa maneira, a primeira barreira a ser atravessada quando iniciamos a nossa jornada de vida é rever os valores que foram impostos por inúmeras fontes e incorporados pela pessoa sem o devido questionamento de sua veracidade. Como esses valores são assumidos de forma *Inconsciente* como parte da sua realidade e de modo gradativo, as inúmeras influências sofridas vão se transformando na verdade que cada pessoa possui. Ao analisar essas influências em meus estudos e pesquisas, notei os muitos condicionamentos gerados tanto no plano individual quanto no coletivo.

Os conceitos firmam e formam inúmeros tipos de *Certos,* cada um é *Certo* à sua maneira e de acordo com as crenças e valores que cada pessoa ou grupo possui. Essas ideias limitativas ficam aprisionadas nos conceitos do que se institui como *Certo*, que transmite segurança pela certeza implícita quando definido. Ou seja, o *Certo* gera segurança, e o *Errado*, insegurança, mas nem tudo pode ser julgado dessa maneira simplista, por ser altamente restritiva! É necessário saber mais, ter conhecimento para não gerar conflitos, principalmente porque a ausência de conhecimento contribui para a formação de inúmeras restrições capazes de encerrar e isolar a pessoa no seu mundo considerado *Certo*. Com esses valores, a pessoa pode, ao encontrar alguém diferente, gerar discriminação e rejeitá-lo por estar fora do seu contexto. Ela considera o outro como *Errado*, faz um julgamento e torna-se preconceituosa.

Todo o conceito que hoje estabelecemos amanhã pode se transformar em preconceito, uma verdade em outra verdade. A ideia não é limitar e tentar fechar algo, mas estar aberto e receptivo para as transformações constantes. A energia do amor só flui e a prosperidade só começa a acontecer quando fertilizamos nossa vida. E para que seja fecunda, não podemos nos restringir às nossas verdades.

A necessidade de corresponder ao *Certo* dos outros para não ser excluído gera repressão e alienação por interferir e fazer a pessoa perder sua espontaneidade, prejudicando o seu desenvolvimento saudável. Ou seja, o ser humano é instruído a limitar sua percepção para não ficar fora do sistema. Contudo, o que a pessoa não percebe é que, de forma geral, a maioria faz e age da mesma forma e sofre do seu mesmo mal ao acreditar, de forma simplista, em um determinado e restrito *Certo*.

As ideias preconcebidas instituídas como *Certo* e a necessidade de estar convicto para se sentir seguro contribuem para inúmeros bloqueios, por interferir diretamente na aquisição de novos conhecimentos. Interferem na flexibilidade necessária para poder se adaptar ao novo e impossibilitam a renovação para continuar a evoluir na vida. Consequentemente, a pessoa se torna rígida e radical por não aceitar ideias diferentes, isso faz com que ela trave e gere repetições constantes, contribuindo para a formação de padrões e conflitos. Ou seja, o suposto *Certo* passa a prejudicá-la em vez de melhorar a sua situação!

Minha pesquisa também fez outra descoberta: essa tomada de *Consciência* descrita anteriormente é formada na cumplicidade, tanto pelas afinidades das relações similares quanto das conflituosas pelo choque de verdades adversas. Nesse instante, conclui-se que a *Lei da Atração* exerce uma força capaz de conectar tanto os que têm *Certos* similares como os que têm *Certos* aparentemente divergentes, mas que são iguais em aspectos da sua personalidade ou por semelhança de *Processos*. Assim, pude entender o porquê de *Certas* pessoas que parecem estar *Erradas* uma para outra são justamente *Certas*, e não poderia ser diferente!

Ainda assim, notei, por meio dessas conexões, que as pessoas ficavam presas por não perceberem essa cumplicidade presente nas suas relações. Cada uma com os seus princípios convivendo com múltiplas verdades e realidades diversas, algumas conexas e outras aparentemente desconexas, embora pareçam pertencer a uma mesma dimensão de realidade, elas entram sempre em choque pela incapacidade de compreender e aceitar a diferença de razões, sem ao menos se darem conta de que o que as une é justamente o conflito. Portanto, a relação está *Certa.*

Cada pessoa em seu princípio possui sua razão, formada a partir de seu *Processo de Vida.* Quando nos deparamos com outra visão aparentemente diferente, não devemos criar conflito, mas perceber que nesse instante temos a oportunidade de conhecer o outro e dar a chance de o outro nos conhecer. A ideia não é criar o choque de razões, em que o meu *Certo* tem que prevalecer sobre o *Certo* da outra pessoa, porque agindo assim, demonstramos incapacidade de saber se relacionar por não aceitar a diferença.

Eu digo o seguinte: quando você precisa ter razão, já perdeu a razão, e quem discute razão, já não tem mais razão para discutir.

A verdade de cada pessoa é formada pelas suas crenças e valores que compõem aquilo que ela instituiu como *Certo.* Passamos pela vida criando duas pilhas: de um lado, de tudo aquilo que permitimos e aceitamos, que corresponde à nossa vontade e à nossa verdade, chamada de *Certo.* Ao criar essa pilha daquilo que é permito e aceito, automaticamente criamos outra pilha, do que não permitimos e não aceitamos. E essa passa a ter o rótulo de *Errada.* Com isso, criamos verdades e realidades completamente distintas, onde uma não tolera a outra.

Eu costumo dizer para meus alunos que nascemos à frente de um tear, e vamos tecendo o homem ideal, a mulher ideal, o emprego ideal, o relacionamento ideal, o amor ideal, a felicidade ideal. O ideal é uma ideia, portanto não é real. Não se constitui de verdade, até que venha a ser fato. Ao valorizarmos uma verdade que não existe, criamos um conflito com a própria realidade. Quando criamos isso, definimos o que é bom, o que serve para o meu *Certo*, e discriminamos e rejeitamos o que é mau, que consideramos *Errado*. Nesse instante, criamos a dualidade antagônica e oposta. Transformamos nossa verdade e nossa realidade em uma dualidade que vai nos consumir gradativamente ao longo da vida. Porque a vontade de que as coisas se encaixem no modelo ideal que criamos, condicionado ao que permitimos, faz com que não sejamos realmente receptivos.

Essa restrição limita e impossibilita que o amor consiga realmente fluir na vida das pessoas. Assim, forçamos as pessoas e as situações a entrarem naquilo que definimos nesse tear. Ao tentarmos enfiar a pessoa naquilo que tecemos, mesmo que ela pareça ser grande demais ou pequena demais para o modelo do ideal que criamos, fazemos com que ela se sinta mal com o que é, por não se encaixar em nosso ideal. Nasce, assim, o inferno, ou seja, a relação supostamente amorosa, condicionada e limitada ao *Certo* daquilo que permitimos, e isso se transforma em uma competição voraz, repleta de cobranças, jogos que conduzem apenas ao tormento. Enquanto as relações forem tormentosas, no conflito da dualidade do *Certo* que permitimos e do *Errado* que instituímos, nunca saberemos o que é amar.

Para saber amar é preciso destruir e abandonar o seu ideal. Porque não existe pessoa ideal: existe pessoa que amo e aceito.

Eu sei que é triste perceber nunca ter amado verdadeiramente, por não respeitar as verdades adversas. Mas é melhor perceber que não se sabe do que fazer de conta que sabe, impondo um suposto amor cheio de cobranças, obrigações e imposições.

Um caso para ilustrar

Uma cliente um dia me procurou por uma razão específica. A partir disso, descobri que o que ela me informava não tinha relação nenhuma com o trauma descrito. Na verdade, o seu bloqueio na vida foi criado em um momento muito anterior: em uma fase de sua adolescência, sua mãe exercia um papel muito austero e era extremamente controladora em diversos aspectos. Tinha muito medo que alguma coisa acontecesse com a filha. Temia que ela ficasse grávida, saísse com um estranho, transasse antes do casamento, questões de segurança social, entre outras coisas. Assim, a figura da confiança, relacionada ao lado materno, ficou ausente na criação dessa minha cliente, pois sua mãe a pressionava e a controlava até sua fase adulta. A partir dessa experiência, sua capacidade de entrega em um relacionamento foi comprometida, ou seja, toda vez que ela encontrava uma pessoa com quem queria se relacionar, ela não conseguia se entregar à relação, por falta de confiança.

Qual foi o resultado disso? Os conceitos com que sua mãe foi criada no passado, incluindo os temores daquela geração, foram projetados na geração atual da filha, gerando preconceitos com relação a uma forma de pensamento diferente da geração mais jovem. Isso ocasionou um trauma na filha, que posteriormente se transformou em um conflito interior, causando um bloqueio em uma área de sua vida amorosa e, posteriormente, criando um *Padrão*, pois toda vez que se relacionava, ela não conseguia se entregar na relação. E esse modelo de relação passou a ser *Certo* para ela, de acordo com a *Causa* desse *Efeito*!

14

O UNIVERSO DUAL E OPOSTO

A criação do universo dual e oposto é gerada a partir da contradição definida e concluída sobre tudo o que existe, baseada na premissa de que, por um lado, será aceito o que servir, for útil, bom e *Certo* e, por outro lado, será rejeitado o que for considerado inútil, ruim e *Errado*. Ao menor sinal de divergência desse suposto e limitado *Certo*, algo ou alguém sofrerá com antipatia e discriminação, que são geradas pela oposição de ideias, onde uma não corresponde e difere da outra por aquilo que as define. Essa divergência e essa dualidade são criadas tanto pela sociedade quanto pelo próprio indivíduo, e fazem as pessoas entrarem em conflito umas com as outras.

Isso também acarreta exclusão, o que força o indivíduo que quer se sentir amado, aceito e integrado, a se encaixar nos conceitos, tanto da sociedade quanto dos outros. Portanto, a discriminação é a constatação do limite aceitável de acordo com o conhecimento de cada pessoa, grupo e sociedade de forma geral. É a denúncia da incapacidade de conseguir amar além do considerado *Certo*.

É importante mencionar, e nunca será repetitivo, que somos seres únicos e iguais em aspectos, mas sempre algo nos diferenciará e é justamente nesse atributo desigual que cabe o respeito. Não perceber nem aceitar esses aspectos que nos unem e singularizam, separam e integram ao mesmo tempo, impossibilita o desenvolvimento do ser humano, que, preocupado em fazer parte do seu sistema, bloqueia a sua própria integração e tende a consumir um tempo muito grande na tentativa de conseguir se sentir parte da sociedade e de seus distintos grupos.

Existe, porém, um caminho muito mais fácil se todos na sociedade simplesmente aceitarem tudo e todos pela diferença e como realmente são. Estarão, assim, totalmente receptivos e focados apenas em desenvolver o seu conhecimento e na expansão de suas capacidades.

A competição interna para conseguir a integração faz a pessoa deixar de ser ela mesma e rejeitar a si mesma ao criar um ideal de como deveria ser. Essa maneira de agir a faz entrar em conflito entre aquilo que ela é e aquilo que pretende ser.

A valorização do ideal ao invés do real faz quem age dessa maneira valorizar aquilo que não existe e criar conflito com a própria existência. Inconscientemente, a pessoa declara não prestar para aquilo que existe e passa a ter valor apenas na ilusão do que não existe, está presente apenas na idealização do que pretende ser. É importante que tenhamos inspirações do que pretendemos ser, mas é preciso saber a diferença entre a realidade e a fantasia, para se tornar apenas o que se acredita ser, deixando de viver sua verdadeira existência. Quem acredita na ilusão está sujeito a atrair desilusão ao considerar o que não existe como verdade. Assim, vai considerar o que acha como realidade e na sequência vai se decepcionar. Não com a realidade, mas com aquilo que idealizava. Para quem escolhe agir dessa maneira, a decepção está de acordo e *Certa* para ela.

Muitas pessoas, quando vivem dentro desse contexto, dizem estar sofrendo por amor, que o relacionamento amoroso está complicado e até consideram viver o amor, mas na realidade estão vivendo o oposto, o desamor. Convém informar que o amor não causa sofrimento, tampouco torna os relacionamentos complicados! Pois o amor descomplica e facilita, traz bem-estar.

Sentimentos dentro desse universo dual e oposto estão representados em pensamentos como: "eu não estou conseguindo dar *Certo*", "não estou conseguindo resolver o que preciso", "tudo parece se enrolar, gerando procrastinação", "sinto que não saio do lugar e tenho a sensação de que já vi esse filme antes". Quando isso ocorre, existe um bloqueio e algo precisa ser transformado. É a dualidade que causa a estranha sensação de divisão interior, onde se quer manter o lado considerado *Certo* e foge-se constantemente do suposto *Errado*. A transformação ocorre quando se ultrapassa a dualidade, ela começa quando passamos a considerar *Tudo Certo*!

Uma história para ilustrar

Caso Sônia

Ao viver em uma família com seus conflitos, intrigas por divergências de opinião e visões distintas com disputas de razões e verdades, Sônia nutre um desejo *Inconsciente* de conseguir ter uma família integrada e harmônica. Esse era o seu ideal de família tanto para a que tinha quanto para a que desejava ter na fase adulta.

Para atingir seu objetivo, desenvolveu uma tendência de não querer criar oposições, justamente para não gerar conflitos, por serem esses os problemas que havia percebido em sua família. Para conseguir isso, resolveu se anular para ficar bem com todos. Como consequência, reprimiu sua expressão, sua opinião e até mesmo sua verdade, para não criar conflito. Ficava à espera de que de repente as coisas ficassem bem, na esperança de viver em uma família feliz e integrada. O fato, porém, é que isso não dependia apenas da vontade dela, mas também das outras pessoas que fazem parte da sua vida. Ela se tornou uma espécie de conciliadora, uma mediadora, e procurava sempre proporcionar momentos agradáveis nas reuniões familiares, o que fatalmente nunca acontecia, porque sempre alguém entrava em atrito ou não comparecia.

Suas frustações constantes fizeram-na fechar-se no seu mundo e, sem se dar conta de sua atitude, aos poucos se tornou uma pessoa maternal e solícita demais. O *Certo* para ela era agradar a tudo e a todos, mesmo que isso a prejudicasse ou anulasse sua existência.

Sônia conseguiu a incrível proeza de se transformar em uma mulher invisível! Desenvolveu a habilidade de notar tudo do que os outros precisavam e sabia das necessidades de todo mundo. Contudo, ninguém parecia ver as necessidades dela. Mesmo assim, ela se sentia culpada quando não obtinha o que desejava, e em nenhum momento parava para perceber não ser dela o problema, mas das pessoas que não queriam estar em harmonia umas com as outras. Condenou-se, então, à missão de tentar fazer com que sua família fosse feliz, e esse passou a ser o seu *Certo*.

Como consequência, ela atraía sempre decepções e frustrações que correspondiam a sua maneira de agir. Para quem gosta ou permite se anular, está *Certo* ficar invisível. Quando se quer harmonia, reprimindo a própria vontade para não ter conflito já se está em conflito consigo mesmo. Todo *Ato* tem sua *Consequência Certa* para a verdade resultante.

Caso Bárbara

Quando a criança vive um conflito que a traumatiza, há uma tendência de se criar um ideal de como a situação poderia ser resolvida. No caso de Bárbara, ela sempre foi uma menina diferente das outras, identificava-se mais com os meninos. Assim, preferia brincar com eles, não gostava de bonecas, lacinhos e adornos e tinha pouca relação com as meninas. Por ter essa atitude, tanto na escola como em sua casa, era chamada de Joãozinho. A mãe tentava fazê-la ser mais delicada, mais feminina, porém sem sucesso, porque despertava nela uma sensação *Inconsciente* de rejeição. Ao invés de tentar ser aquilo que os pais queriam para ser amada e aceita, resolveu fazer o contrário: assumiu uma atitude rebelde, do gênero "do contra", estilo "vão ter que me engolir e aceitar como sou."Essa era a sua maneira de ser. Ela não seguiu os moldes tradicionais e não se identificava como o que outros queriam. Essa espontaneidade e diferença eram características suas, que a diferenciava; porém, devido às inúmeras críticas, ela inconscientemente concordava com o que diziam a seu respeito e passou a reprimir sua feminilidade. Transformou-se em uma mulher irreverente, moleca, reativa, sempre na defensiva quando alguém a julgava ou a criticava. No seu relacionamento com os meninos, ela era quem sempre mandava e comandava, tornando-se competitiva e com atitudes consideradas mais masculinas dentro dos modelos instituídos como *Certos* na nossa sociedade, em contrapartida e oposta às características supostamente aceitáveis como *Certas* da expressão feminina.

Assim, Bárbara bancava ser autossuficiente e não gostava que lhe ditassem o que fazer. Espelhou-se na versão masculina e, com essas características de atitude e comportamento, criou uma aversão por mulheres "femininas demais" (segundo o padrão tradicional). Ela se irritava com a dependência delas, e com pessoas que impunham sua própria verdade sem saber que ela mesma fazia exatamente a mesma coisa. Quando ela chegou a mim, percebi que havia assumido essa personalidade e que isso a impossibilitava de conseguir prosperar e atingir seus objetivos. Embora tivesse estudado, ainda era dependente da família. Seu espírito era livre, mas sua condição financeira, não. Seus relacionamentos não duravam, e ela estava justamente amarrada à suposta liberdade que achava que tinha. Portanto, o *Certo* era ser ela mesma. Mas, ao assumir em seu *Inconsciente* que não seria o que os outros quisessem, acabou por não conseguir criar uma personalidade favorável à sua própria vida. Seu conflito gerou um resultado que está *Tudo Certo*!

Caso João

Na infância, João sofreu muita repressão e imposições de seu pai, e sua mãe sempre o protegia em demasia, o que tornou o rapaz solitário e reprimido. À medida que foi crescendo, devido ao excesso de autoritarismo do pai e de submissão da mãe, resolveu parar de se calar e passou a enfrentar o seu opressor. Por conta disso, determinou no *Inconsciente* que iria provar que tinha valor. Transformou-se em um homem ambicioso, competitivo, centralizador e, sem perceber, casou-se com uma mulher submissa igual sua mãe e se tornou igual ao próprio pai. Autoritário, gostava de humilhar os outros para que se sentissem um nada, exatamente como seu pai fazia. Ele assumiu como *Certo* esse modelo e replicava essa maneira de agir. Fechou-se em seu mundo, em sua torre, onde se autoafirmava dessa maneira. Sua mulher vivia tentando lhe agradar, como sua mãe fazia com o marido, mas João nunca conseguia reconhecer o valor de quem quer fosse, a não ser o dele mesmo. Dentro desse contexto, as relações aqui estão *Certas*, porque estão de acordo com o *Processo* de cada um.

Caso Joana

Logo cedo, em sua infância, os pais de Joana se separaram, porque sua mãe descobriu que seu pai a traía.

A mulher, tendo que assumir a responsabilidade da casa e o sustento da família, viu-se sem possibilidade de dar muita atenção aos filhos. Joana, então, notou que ao ajudar a mãe e cuidar da casa, conseguia mais da sua atenção, e elas ficavam mais próximas. Logo, Joana assumiu como *Certo* ser uma cópia da mãe e resolveu ser independente. Declarou não confiar nos homens por medo de ser traída e resolveu ser uma mulher forte, tornar-se uma executiva com dinheiro e poder.

Chegou a mim solitária e poderosa, mas com grande dificuldade de conseguir permitir ser ajudada, de saber receber, porque o que sabia era apenas proporcionar. Não conseguia "ser mulher" em seus relacionamentos, segundo os moldes retrógrados instituídos. Por questão de sonância, ela atraía homens problemáticos que a faziam dominar a relação, ser mãe e provedora deles. Ou seja, de acordo com a atitude e o comportamento, criamos sonância, atraímos aquilo em que estamos sintonizados. Mesmo que pareça aparentemente o oposto, existe algo que atrai por semelhança.

Somos o que atraímos e o que atraímos muitas vezes são os espelhos que revelam o que está preso em nosso *Inconsciente*. Joana, querendo ser forte para se sentir segura, revela ser insegura, porque quando queremos não somos, porque quando somos não queremos, essa é uma máxima minha para definir haver uma procura, tanto em Joana quanto nas pessoas que ela atraía que queriam se sentir seguras, e era isso que as unia.

Não importa a história de sua vida, o enredo, desfecho e o resultado, porque sempre estará *Certo*, de acordo com o seu *Processo* e conforme as escolhas que fez. Nada poderia ser diferente. Porque o resultado nunca pode ser alterado, o passado não pode ser removido, o enredo não vai mudar, o que podemos é aprender a fazer diferente em uma nova experiência por meio do conhecimento adquirido. Isso é fato e, seja como for, estará sempre *Tudo Certo*.

15

A CRIAÇÃO DO IDEAL – A RAZÃO

A necessidade de estar Certa *para, consequentemente, não se sentir* Errada*, culpada e diminuída faz a pessoa entrar em um* Processo *natural de defesa. Vai proteger o que acredita, defender, discutir e/ou querer que sua razão prevaleça. Sem perceber que, ao agir dessa maneira, perde a razão.*

A necessidade de defender aquilo em que se acredita – sua verdade e o que é considerado *Certo* – para manter os valores que conferem sensação de segurança pode tornar a pessoa intolerante e com dificuldade de encarar algo diferente. A teimosia de não abandonar seu *Certo*, de não querer mudar e transformar, gera estagnação e inflexibilidade, interfere na absorção de conhecimento e na própria evolução para uma outra verdade, outro *Certo*. A tendência, quando isso ocorre, é a pessoa se fechar no seu mundo, criar couraças, armaduras e se armar na defesa do seu *Certo*.

Declara estar em uma guerra particular e contra qualquer oponente que venha tentar mudar sua verdade e aquilo em que ela acredita. A opinião oposta à visão do outro, divergente de sua própria, é encarada como uma invasão: e o outro passa a ser o inimigo.

Agindo assim, muito facilmente essa pessoa terá poucos amigos, pois demonstra que sua segurança não é algo construído a partir da sua confiança em si mesma, mas dependendo de crenças e valores não propriamente seguros, porque quando se está *Certo* sobre si mesmo, não é preciso provar ou defender, apenas se posicionar.

Cada um é dono de sua própria razão, fundamentada a partir de seu conhecimento. Essa razão passa a servir como sua referência, considerada como *Certa*. Quando há confronto com uma razão adversa, caso isso seja levado para o lado pessoal como algo contrário a mim, interpretando a razão do outro como adversária, isso pode facilmente gerar conflito. Se isso ocorre, impossibilita o envolvimento para poder estabelecer relação e conseguir unir e integrar o seu eu interior com o mundo exterior.

Presa em si mesma, como em uma torre solitária, a pessoa terá que conviver com a tristeza de sua própria companhia. No seu *Certo*, fica perdida no seu próprio EU. Torna-se seu próprio opressor, assume essa repressão como natural e aprende o triste engano do considerar que amar é tirar a liberdade e espontaneidade. Esse tipo de comportamento já denuncia a perda dos atributos da *Referência de Origem,* e pelas influências e aprendizados adquiridos durante o seu *Processo* de vida, esses passam a servir de *Referência de Processo* como guia para sua vida. É justamente essa referência em desacordo com a energia do verdadeiro amor é que passa a ser considerada como amor! Na realidade, o amor não flui nesse tipo de cenário.

Considero que nascemos amorosos, por isso nos sentimos perfeitos, espontâneos e livres. Quando nos tiram e roubam isso, o que mais queremos é voltar para nossa *Origem*.

16

O AMOR CONDICIONADO

O desamor quando há diferença

O amor restrito e condicionado ao que é permitido aceitar diante do considerado *Certo* impossibilita a livre relação e a descoberta do outro, porque só é possível perceber quem é o outro quando nos deparamos com a diferença. É justamente na diferença que está a maior prova do saber amar. Porque quando amamos o que é similar ao que somos, só sabemos amar a nós mesmos.

Muitas pessoas, conforme me referi no capítulo "A criação do ideal", definem o que consideram ser o *Certo* conforme o exemplo do tear. Muitas se casam com uma ilusão, pensando ter se casado com uma verdade. Passado algum tempo, percebem que, afinal de contas, tem algo *Errado*. Começam, então, a cobrar que o outro seja aquilo que acham ser o *Certo*. Quando percebem que o outro não quer ou não está conseguindo ser aquilo que queriam, começam a ficar magoadas, ressentidas e frustradas.

Quando constatam que realmente não será o que precisam para suprir suas necessidades e para se sentirem satisfeitas, começa o conflito, nasce a raiva e o amor que nunca existiu se transforma em ódio.

Nesse instante, a tendência é rejeitar a pessoa, porque só está interessado em valorizar o que é seu ideal. Um dos grandes problemas na questão do amor correspondente ao *Certo* idealizado e condicionado é não se permitir aceitar o que for diferente e considerá-lo como *Errado*. Portanto, resta apenas aprender a amar como a pessoa é e não como gostariam que fosse, aprender a *Amar Incondicionalmente*. Ou seja, não existem condições para se amar e aceitar, não se deve condicionar o amor ao limite da definição de seu *Certo*.

A necessidade do amor perdido, explicado no capítulo *"Origem"*, e de querer poder para se autoafirmar, faz a pessoa desperdiçar toda sua existência à procura das partes perdidas integradas ao seu ser, que foram destituídas, arrancadas e partidas ao longo do seu *Processo*. A procura por se sentir completo e íntegro, pois a *Referência* de Origem foi perdida, torna-se o único objetivo de todos, independentemente dos seus valores. Para conseguir isso, muitos tentam pelo dinheiro, outros pelo sexo e pelas suas conquistas. Outros dilaceram o seu EU, excluem sua existência, se transformam em uma coisa que se adapta às situações, anulando sua *Essência*, deixam de existir para se sentirem falsamente integrados a algo que nunca estará realmente presente.

À procura do amor perdido

A procura do amor perdido – proveniente da *Referência de Origem*, das rejeições sofridas no seio da família e na sociedade – faz a pessoa buscar uma resolução por meio de suas relações. A necessidade de recuperar o amor-próprio é primordial para poder voltar a se sentir amado e aceito, estar bem consigo e em relação com seu meio. É preciso que essa livre manifestação seja a partir de nós mesmos para conseguir estabelecer relação com os demais. Quando há intolerância e discriminação, gera-se a sensação de rejeição, culpa por aquilo que se é ou por não ser aquilo que os outros esperam. A pessoa tende, na tentativa de se adequar, a deixar de ser ela mesma. Consequentemente, se não existe o EU, não existirá a união e a integração em uma relação, pela ausência da própria unidade.

Muito cedo aprendi, mais precisamente durante meu período escolar, que para que haja o *Nós* é necessário existir o *Eu* e o *Tu*. Então, quando uma pessoa anula o seu eu para dar *Certo* em uma relação, ela já assumiu que está *Errada* para si mesma! Quando isso acorre, entra em conflito, aciona um mecanismo de defesa que dispara a necessidade de resolução. Nesse instante, cria-se um ideal de como poderia ser e transforma-se em algo montado para se adaptar aos outros, torna-se uma farsa.

Nesse *Processo*, a pessoa se anula e deixa de existir na relação. Em razão disso, não vai existir o nós. Como se anulou e criou a intenção toda voltada para estar bem com o outro, ela acaba desenvolvendo uma habilidade de saber e conhecer tudo aquilo que o outro precisa e necessita. Passa a supri-lo e a viabilizar apenas as necessidades do outro, mas não aprende a saber fazer para si mesma! Sem se dar conta do *Processo*, enaltece o outro, por ele ter mais importância que ela mesma e o torna egoísta. Depois, espera que o outro faça por ela o mesmo, mas isso não vai acontecer, porque nessa situação existe apenas um emissor e um receptor, onde tudo começa nele e termina no outro.

Pelo conceito de semelhante atrai semelhante, esse tipo de comportamento está associado à *Lei da Atração*, cujo conceito se baseia na ideia de que nossos pensamentos e emoções têm a capacidade de atrair experiências semelhantes para nossas vidas. Segundo essa lei, o que pensamos e sentimos em um nível vibracional é o que manifestamos em nossa realidade. Nossos pensamentos e emoções emitem uma energia que atrai eventos, pessoas e circunstâncias que estão em sintonia com essa energia. Portanto, nesse exemplo, essas pessoas são exatamente iguais, porque ambos possuem os mesmos problemas de carência e vazio interior. Um quer que outro precise dele e o outro não quer precisar de ninguém, mas ambos possuem uma desvalorização, embora pareçam diferentes, querem o mesmo, são iguais. Vítimas do mesmo trauma de desvalorização. Nesse tipo de relação, estão sonantes em aspectos e não existe a possibilidade de retorno. Embora a pessoa espere, vai sempre se frustrar. É capaz, inclusive, de dizer que fez tudo pela outra pessoa, que anulou a própria vida para satisfazê-la. Mas não percebe que isso foi feito de modo involuntário e que ninguém pediu ou solicitou que ela o fizesse. Foi sua escolha! Mas ela não pode exigir que o outro participe da sua projeção e idealização sem ao menos consultar se ele está disposto a isso.

Esse tipo de comportamento gera um resultado que está *Certo* pela *Ação* e *Reação* que corresponde à intenção do que foi despertado, mas que não gerará o resultado pretendido por não ter sido estabelecida uma relação de troca desde o início. Portanto, quem tentar ter reciprocidade e dar *Certo* nessa maneira de atuar e de relação que estabelece não vai conseguir atingir seu objetivo, porque está atuando em desacordo com o que quer e necessita. Assim, teremos duas pessoas: uma que só percebe o outro quando está proporcionando e o outro só percebe a outra pessoa quando está recebendo. Porém, nenhum está, de fato, vendo o outro. Restritos a essa condição, a relação estará de acordo com a proposta criada. E está *Tudo Certo*!

17

O BEM E O MAL

Quando falamos sobre o universo dual e o oposto, o *Certo* passa e ser o *Bom*, e o *Mau*, o *Errado*. Cria-se um antagonismo oposto e em conflito. Essa distinção está na base da formação da discriminação, onde tolera-se um e rejeita-se o outro. É importante perceber que tanto a prática do *Bem* quanto a do *Mal* são muito relativas. Portanto, posso definir que, basicamente, ambas estão *Certas* e servem aos seus princípios, a funções específicas e correspondem cada uma delas à sua intenção. Cada uma visa um objetivo e a sua prática faz referência, no caso do *Bem*, a todo *Ato* que, como *Consequência*, favoreça a vida e mantenha a existência. De maneira oposta e no sentido antagônico pelos objetivos divergentes, o *Mal* seria todo o *Ato* que, como *Consequência*, abale a *Referência de Origem*, prejudique a vida e seja contrário à existência.

Em uma sociedade onde temos impregnada uma série de conceitos sobre o considerado como *Bom* e do *Bem*, somente esses critérios terão valor para a própria sociedade. Portanto, essa consideração por si só não valoriza e nem respeita toda a existência! Discrimina e não tolera o que for definido como *Mal*, por ser esse destituído de valor na visão do conceito da sociedade, mas que, de acordo com a existência, tem o seu valor, serve e presta para algo pelo simples fato de existir. Ou seja, toda existência tem o seu motivo na visão do *Tudo Certo*! Por isso, convém observar que existe uma diversidade de expressões de vida presente na natureza e nos seres humanos, que não podem ser injustamente consideradas *Erradas* e do *Mal*, por não atenderem aos gostos limitados e toleráveis de alguns grupos. Principalmente, em relação ao amor, que é proveniente do *Bem*, no sentido de esse sentimento ser favorável a tudo o que existe. É preciso respeitar, porque quem sabe amar, obrigatoriamente, tem que aprender a aceitar, porque quem rejeita é incapaz de amar. Logo, muitos que se consideram do *Bem*, ao agirem dessa maneira, já são o próprio *Mal*. Restritos à razão limitada do que permitem e aceitam, transformam-se em agentes que servem apenas para criar antipatia.

O Mal não existe. O que existe é uma manifestação que gera um resultado que está Certo por estar de acordo com sua frequência.

O *Bem* precisa do *Mal* tanto quanto o *Mal* precisa do *Bem* para que seja possível definir que caminho, direção e sentido vamos dar às nossas vidas a partir das escolhas que vamos fazer. O *Julgamento Comparativo* aplicado nessa oposição de vertentes serve para evidenciar as diferentes intenções presentes em cada uma dessas manifestações. Mas não podemos criar o conflito entre elas, por isso saber comparar requer muito conhecimento e habilidade para não se tornar um agente do *Mal* ao prevalecer e dar valor a um lado e desvalorizar outro. Assim, a partir do que uma pessoa deseja, faz-se uma escolha e define-se o caminho para onde será conduzida a pessoa ou aquilo que ela está projetando para o mundo. Assim, é graças ao suposto *Mal* que se valoriza o próprio *Bem*, portanto o *Mal* tem o seu valor. É tudo uma questão de perspectiva.

Para o *Tudo Certo*, tanto o *Bem* quanto o *Mal* estão *Certos*, por estarem de acordo com o *Ato e Consequência*, cada força em sua *Origem* está de acordo com sua procedência e como consequência com seu resultado. Convém também considerar que muito *Mal* é praticado – contrário à vida e à existência, prejudicial aos outros –, mas isso faz bem a quem o pratica! Existe prazer em fazer o *Mal*, como também em fazer o *Bem*. É o juízo de valores que vai diferenciar as intenções, mas o fato é que de acordo com a procedência do *Ato*, o resultado está sempre *Tudo Certo*.

O *Bem* e o *Mal* são uma expressão relativa, porque dependem muito do ponto de vista da conclusão que se tira dos acontecimentos da vida! Por exemplo: uma pessoa que trai alguém proporciona uma experiência. Essa é considerada uma experiência *Má*. Uma pessoa que ludibria outra, enganando-a, também terá o mesmo resultado. Olhando por outro prisma, se evoluímos da *Inconsciência* para a *Consciência*, uma das grandes vulnerabilidades do ser humano é, justamente, a ausência de conhecimento. Portanto, o *Mal* serve para mostrar e revelar a ausência de conhecimento, falta de habilidade, destreza, profissionalismo, aptidão, capacidade de administrar e fazer uma boa gestão da relação com determinado acontecimento ou pessoa. O *Mal* revela a ingenuidade, a ilusão em que se vivia; mostra que o que se acreditava não é real; revela que o que se imaginava como *Certo* pode não ser assim tão *Certo*. Esse *Mal* é o maior *Bem* que pode acontecer para uma pessoa, porque depois dele ela nunca mais ficará vulnerável.

O *Mal* é, portanto, uma energia que se manifesta em uma determinada frequência que ensina a pessoa a se desenvolver, zelar, cuidar, ser responsável, realista. Portanto, ensina a saber fazer bem-feito, a amar.

Sempre vamos encontrar junto de um bom ludibriador, uma boa lunática. Com um bom cafajeste, uma ótima sonhadora, com um estelionatário encontraremos quem quer o caminho mais fácil, com o enganador, o ingênuo, entre várias outras relações que criam uma cumplicidade de *Processo*. Portanto, o *Mal* ensina a ficar esperto. Todas as experiências pelas quais uma pessoa passa não são boas nem más: são *apenas* experiências, e elas ajudam a desenvolver o conhecimento. Ou seja, não existe o *Bem* e o *Mal*, porque está *Tudo Certo*.

O ato de enganar, de tirar proveito das situações, obter vantagens de forma ilícita, incluindo as vulnerabilidades no sistema para se adquirir poder, dinheiro e corromper os valores de excelência, muito presente na dinâmica política e nas pessoas com poder, é o que mais se aproxima do *Mal* que não favorece o *Processo* do desenvolvimento para o próprio *Bem*. Eu considero que existem dois tipos de *Mal*. Há o que serve ao *Bem* e que nos ensina a desenvolver padrões comportamentais a favor da vida e da existência. Normalmente, ele está atrelado ao *Processo* de aprendizado por meio da *Catarse* e da *Pré-consciência*, com o intuito de tornar a pessoa ciente das suas ações e resultados para, assim, escolher servir ao *Bem* por meio do despertar da *Consciência*.

O segundo *Mal* é aquele que nunca se arrepende, não tem remorso, não se sente culpado e não questiona seu comportamento. Consideram que o seu *Mal* está *Certo*. Todo o agente que causa esse tipo de *Mal* serve aos princípios causadores das maiores destruições ao longo da História. A política tem o poder de construir uma sociedade mais equilibrada, porém, ao fazer o seu povo lutar pela sobrevivência, desperta a *Referência de Natureza*, que possui o instinto mais primitivo e, consequentemente, animal, contribuindo diretamente para a violência. A corrupção afeta a sobrevivência pelos desvios de recursos que tornam a sociedade fragilizada. Todos os que aceitam e são coniventes pertencem a essa mesma rede do *Mal*, que é contrária à vida e à sobrevivência. O corrupto se aproveita sempre das vulnerabilidades e das brechas no sistema em proveito próprio. Consequentemente, prejudica o próprio sistema. As pessoas se vendem por dinheiro e poder, e essa maneira de agir favorece a corrupção porque essas pessoas são desprovidas dos princípios de amor, moral e ética. Para elas está *Certo* prejudicar o próximo, mas nunca vão assumir essa culpa, pois a culpa, o remorso e o arrependimento são sentimentos de quem ainda vibra e serve ao *Bem*.

Quem serve ao *Mal* nunca assumirá o que fez, pelo contrário: arrumará subterfúgios, mentiras, falsos testemunhos e outras formas de tentar provar uma verdade baseada na mentira. Existe, sim, uma justiça terrena que possui brechas em seu sistema que o *Mal* conhece muito bem. Mas na justiça presente na *Causa* e no *Efeito* ninguém consegue enganar. O que foi despertado reverbera e atrai o *Ato* a sua *Consequência*. Embora a verdade possa nunca ser revelada, o fato é que o autor sempre saberá.

Quem é do *Mal* sempre vai se sentir *Certo*. Outra tendência para não se sentir culpado e, consequentemente, *Errado* é tentar ficar indiferente ou fazer de conta que não está percebendo nada. A fuga da responsabilidade é típica da pessoa fraca, da pessoa desprovida de *Consciência*. Mesmo que não se sinta culpada ou responsável, de acordo com a *Lei da Ação e Reação, Ato e Consequência*, o emissor sempre será o responsável.

A *Lei da Ação e Reação* é um princípio da física que afirma que toda *Ação* provoca uma *Reação* de igual magnitude. As *Ações* que empreendemos geram *Reações*, que podem ser positivas, negativas ou neutras. Nossas escolhas e comportamentos têm consequências que podem afetar tanto a nós mesmos quanto às pessoas e ao ambiente ao nosso redor.

No contexto mais amplo da vida e das ações humanas, a ideia de *Ato* e *Consequência* está relacionada à noção de que todas as nossas ações têm consequências. Cada ato que realizamos, seja ele físico, emocional ou mental, tem um impacto que reverbera no mundo ao nosso redor.

Portanto, a *Lei da Ação e Reação* e o princípio de *Ato* e *Consequência* nos lembram da importância de agir com responsabilidade e consideração, pois nossas ações têm o poder de influenciar o mundo à nossa volta. Devemos estar conscientes das possíveis *Consequências* de nossos atos e assumir a responsabilidade por eles.

O Mal deve deixar de ser odiado, porque ele tem sua serventia. O Bem deve ser deixado de ser venerado com exclusividade, porque é pelo Mal que se valoriza o Bem. É na cegueira da ilusão do Mal que se aprende a ver a verdade do Bem. Então diga: "eu amo o Bem e o Mal, porque ambos estão a serviço do Bem Absoluto que reside acima do Bem e do Mal dual e oposto".

18

A SEPARAÇÃO – OS ATRIBUTOS DA RELAÇÃO

Quando há criação de qualquer oposição que implica em uma escolha, resulta, obrigatoriamente, em uma comparação entre as partes distintas, causando uma separação entre elas. Ao serem definidas e atribuídas qualidades para uma das partes, já se desqualifica a segunda parte. Essa tendência dos seres humanos de avaliarem as situações contribuiu para a formação da discriminação, que cria a dualidade em oposição e em conflito. Assim, através da interpretação, define-se o que corresponde a uma das partes distintas dentro da comparação, formando uma dualidade que separa, desune e se posiciona em verdades distintas, que possuem características de definição que criam a oposição e, assim, os seres humanos se perdem na dualidade. Logo, o *Bem* e o *Mal* não podem ser comparados, porque pertencem a valores distintos e a verdades que os encerram dentro de um conceito que o ser humano definiu – ou seja, que serve apenas de limite para ele mesmo. Portanto, ao se definir já se está criando um possível conflito e, se a pessoa não tiver uma boa capacidade cognitiva de compreender as partes envolvidas para analisar com precisão, não conseguirá perceber que cada uma delas, mesmo consideradas opostas, estão *Certas*.

Essa é uma questão de visão pessoal e de expectativa na relação com um determinado contexto e é, justamente, a definição baseada na capacidade de cada um que vai criar o limite e obstruir o *Processo* de expansão de *Consciência*. É por meio da aquisição de novos conhecimentos que o ser humano consegue ultrapassar a si mesmo.

Essa rivalidade dentro desse contexto facilita a separação; consequentemente, dificulta a união para que ocorra uma integração completa. Essa interferência faz cada um ficar na sua verdade, não agrega, desune e contribui para que a pessoa se feche em si mesma. A solidão decorrente desse *Processo* sempre ocorre quando há a sensação de falta e mal-estar nessa separação. Somos seres sociais e precisamos nos relacionar constantemente. O aprendizado depende dessa inter-relação.

A dualidade também propicia ver o outro como oponente de suas próprias referências. Porém, na realidade, está expressa apenas sua individualidade de acordo com sua perspectiva, que é sua referência. Cada ser humano está em seu *Processo*, no qual está *Tudo Certo* para ambas as partes, seja em qualquer tipo de relação.

O amor fica condicionado e sua percepção diminuída devido à aceitação limitada pelo o que é considerado *Certo*, que entra em contradição com o *Certo* do outro. Nesse tipo relação, isso faz com que a diferença seja interpretada como *Errada*. Cria-se, dessa forma, antipatia, intolerância e discriminação a si mesmo por se sentir ameaçado em sua própria verdade.

A necessidade de estar *Certo* significa querer se sentir seguro por meio da referência e definição criadas. Isso causa rigidez, inflexibilidade e dificulta a receptividade e a capacidade de conseguir concordar com o outro por medo de perder suas próprias referências e tornar o considerado como *Certo* em *Errado*. A teimosia é resultante dessa resistência!

Existe na teimosia, intrinsicamente, um medo de perder o que foi instituído, definido como referência para se estar seguro. Então, todo teimoso só revela sua insegurança.

A flexibilidade de estarmos sempre preparados para abandonar nosso *Certo* e adquirir novos *Certos* nos permite fluir, de fato e sem sombras de dúvidas, livremente na relação com a vida. Quando atingimos esse estado de *Consciência*, deixamos de separar e passamos a unir, casar e integrar.

Quando a separação ocorre em companhia de alguém em uma relação, é comum se sentir aquilo que defini como solidão acompanhada. Embora a pessoa esteja com alguém, ela não está integrada, devido à incompatibilidade de seus respectivos *Certos*, porque contribuem para a formação de verdades e valores distintos. O amor condicionado proporciona essa separação e, consequentemente, prejudica a interação. Mesmo convivendo no mesmo espaço, é possível se sentir sozinho.

A separação faz parte da relação do ser humano para que ele desenvolva a percepção das diferenças e, por meio delas, conheça o outro e se conheça na relação consigo mesmo. Existe uma lei da física que afirma que cada corpo está em seu espaço e em seu respectivo tempo. Dessa maneira, estamos sempre separados. No entanto, somos unidos por nossas referências comuns e presentes em todas as partes. Por isso mencionei que para ter o *Nós* é preciso de, no mínimo, dois *Eus*. O medo da separação e da solidão pode fazer com que muitas pessoas anulem seu *Eu* para dar *Certo* em uma relação. Lembre-se: quando você anula seu eu, já não existe eu para reivindicar direitos. Portanto, você não pode reclamar com o outro que ele não valoriza sua existência, porque você mesmo já fez isso. Aprenda a se incluir, sempre e em todas as relações. Compartilhe desejos, prazeres e vontades, seja apenas você mesmo. Essa é a única maneira de conseguir ser verdadeiro, fazer-se existente, estabelecer relações, unir e integrar para, só depois, poder dizer que, de fato, está casado. Ou seja, as energias diferentes e opostas conseguem entrar em perfeita e inquestionável harmonia. Isso é estar em sonância e esse aprendizado contribui para que a pessoa não esteja na solidão da dissonância.

Eu me deparei muitas vezes com pessoas me questionando e falando em encontrar um(a) companheiro(a) para se casar e formar uma família. Eu sempre disse a elas que o primeiro objetivo ao se encontrar alguém nunca pode ser querer se casar! Antes, a pessoa precisa aprender a estar bem casada com ela mesma para depois aprender a estar, conviver, se envolver e se relacionar com outra pessoa, percebendo as diferenças e sabendo lidar com isso. Quando romper com todas as referências do passado e influências, ideais e condicionamentos que a impedem de atingir o amor incondicional, ela estará preparada para se casar com alguém. Portanto, o casamento ocorre naturalmente pelo prazer e pela satisfação de estar com a outra pessoa. Da mesma forma, o casamento começa a terminar quando se questiona a relação, pois é quando se começa a rejeitá-la e é só questão de tempo para que haja a separação efetiva.

19

A DISCRIMINAÇÃO

Quem discrimina e julga Mal é do Mal. Quem é do Mal não sabe respeitar e valorizar além de si mesmo, suas crenças e seus próprios valores. Esse ser está preso no limite do que permite aceitar, está carente e precisa saber amar.

Quem não sofreu com essa terrível palavra chamada discriminação? Ela está presente toda vez que não somos a imagem e semelhança do outro. Quando não nos encaixamos no considerado *Certo*, somos taxados de estranhos, porque não queremos nos encaixar e ser o que se acredita ser normal a todos. Basta uma pessoa não querer se casar para ser discriminada; não querer ter filhos para passar a ser olhada de canto de olho; basta não ter um time de futebol; basta não ter uma religião; não querer brincar de carrinho ou de bonecas. Basta querer ser diferente, ou indiferente. Basta ter um *Certo* diferente do *Certo* do outro para ser discriminado automaticamente por não corresponder ao que se enquadra à definição limitada pelo comum aceito. Basta instituir e definir que já se cria exclusão ao que ficar fora do estipulado como *Certo*. Basta criar a dualidade oposta que entre em conflito para que haja valorização de um lado e desvalorização de outro. Separação do considerado *Certo* do instituído e condenado como *Errado*.

Alguém que esteja fora do contexto definido como valor tende a entrar em sintonia com algo que não é compatível com sua *Referência de Origem*. Dessa forma, entra em conflito com os princípios que regem sua *Essência*.

A pessoa que sofre discriminação, se não tiver plena convicção de seus valores e de seu próprio ser, do que ela é, de fato, torna-se fraca de poder pessoal e vulnerável frente a quem tem esse poder pessoal. Pode ficar suscetível a imposições, sujeita ao domínio e à imposição do *Certo* do outro. Quando isso ocorre, ela se sente excluída e diminuída.

Convém mencionar que toda pessoa é dotada de liberdade e tem o direito de respeitar ou não respeitar, de discriminar ou não discriminar! Infelizmente, nem todos são providos de *Consciência*. A partir desse princípio, temos que considerar o nível intelectual e a perspectiva de compreensão da relação da pessoa com o que é diferente do que ela se permite aceitar e tolerar.

A questão é se permitimos nos sentir discriminados e rejeitados, pois quando fazemos isso já estamos contribuindo para nossa própria exclusão! Isso se dá porque compramos a ofensa e a aceitamos como parte do nosso *Processo* ao permitir entrarmos em acordo com o insulto emitido pela pessoa. Como resultado, estabelece-se uma relação de cumplicidade de *Processo* por concordar, por se permitir sentir. Lembro que, para que haja essa relação, é preciso unir quem gosta de discriminar com alguém que permita se sentir discriminado! Existe uma reciprocidade nessa relação por estarem de acordo. Portanto, estará *Tudo Certo*!

Quem discrimina julga estar *Certo*, porque foi ensinado, influenciado, educado e domesticado para discriminar o que está fora do seu *Certo*. Na *Referência de Origem*, uma criança, como qualquer filhote, é pura e amorosa. É a educação que transforma uma criança em um ser discriminativo e agressivo; são as influências que a transformam em uma fera. Na *Referência de Natureza*, instintivamente pela sobrevivência, matar e lutar são coisas naturais; a violência, o roubo e a disputa são despertados pela necessidade de sobreviver.

O antagonismo criado pela sexualidade fez surgir uma série de comportamentos que definem e separam o homem da mulher, geram conflito com a *Referência de Natureza*, porque o homem e a mulher precisam estar em harmonia para perpetuar a espécie. É o amor da *Referência de Origem* que precisa prevalecer para que haja aceitação e respeito, consequentemente união. Essa diferença não deveria se constituir em conflito, mas atrair e casar.

A condição social, o desenvolvimento intelectual – entre outras características intituladas como melhor e pior, superior e inferior na nossa sociedade e na maneira como o ser humano se relaciona com o meio – faz com que ele não respeite quem está abaixo do que considera *Certo*. E, por vezes, quando se considera inferior, no sentido inverso, para não ter esse sentimento, entra em atitudes de defesa, procurando encontrar defeitos no outro, caluniar o outro, na tentativa desesperada de não se sentir inferior. Precisar caluniar o outro para se mostrar superior demonstra apenas pequenez de espírito. As qualidades intrínsecas no ser que o tornam elevado de *Consciência* fazem com que tenha em seu comportamento respeito pela diversidade, moral, ética e, principalmente, educação. A distorção no indivíduo que deforma seu caráter é que o faz desenvolver vaidade, arrogância, impetuosidade e se sentir superior aos outros.

O *Amor*, atributo das *Consciências* mais elevadas, sempre demonstra compaixão, compreensão, simpatia, solidariedade, empatia e leveza na relação com seu meio. Uma pessoa agradável sempre atrai o que é agradável. Uma pessoa do *Bem* atrai quem é do *Bem*. E uma pessoa de *Consciência* elevada nunca se sente superior ou inferior a quem quer que seja, porque sabe que para estar onde está, já esteve e já percorreu o caminho daquele que considera estar abaixo de si mesmo.

A sociedade presa nessa dualidade oposta que privilegia o que acha ser *Certo* e deprecia o que considera *Errado* definiu o próprio homem como superior e a mulher como inferior. Criou a discriminação da mulher até hoje, sem direitos iguais e vítima da supremacia masculina que ela mesma pariu. O homem, ingrato e ignorante em sua expressão, nunca percebeu que se a mulher é inferior e ele nasceu dela, logo vem do próprio ser inferior que ele mesmo definiu. É fruto do inferior que ele instituiu.

A misoginia é a repulsa, o ódio e o desprezo caracterizados por uma aversão mórbida e diretamente relacionada com a violência praticada contra o sexo feminino. É responsável por grande parte dos assassinatos de mulheres, também conhecidos por feminicídio, além de diversas formas de agressões físicas e psicológicas, mutilações, abusos sexuais, torturas, perseguições, entre outras violências relacionadas direta ou indiretamente contra o gênero feminino. Muitos países ainda mantêm em sua cultura a tendência de considerar a mulher inferior, por isso ocorre o desrespeito. Acredito que se algo incomoda a pessoa é porque tem algo mal resolvido dentro dela, pode haver escondida uma repressão da própria sexualidade, uma não realização sexual ou não aceitação de uma homossexualidade. O homem, por conta da cobrança ao longo dos tempos de ter, obrigatoriamente, uma mulher junto dele, como condição considerada moral e *Certa*, até como meio de comprovação do seu próprio gênero, faz despertar nele a violência pela obrigação imposta em ser o macho alfa da relação. Quando os gêneros estão em harmonia, tanto o macho quanto a fêmea conseguem manter uma relação de cumplicidade e não de disputa e guerra por uma comprovação proveniente de uma alienação da própria condição de gênero.

A falta de amor e de respeito está na base de toda discriminação, portanto, ela é injusta e a mais perniciosa expressão que um ser humano pode desenvolver.

A separação do homem e da mulher, condição já impressa e imposta desde a infância, limita e submete sua expressão de maneira livre. Ao instituir, por exemplo, que menina brinca de boneca e veste rosa e menino brinca de carrinho e veste azul, já se considera uma separação antagônica e em conflito por terem interesses impostos desde a infância. Foi instituído ao homem o azul e ele foi impossibilitado de usar rosa durante muito tempo, por ser esta definida como a cor da mulher. O fato é que não tem cor para a mulher e não tem cor *Certa* para o homem, esse é um conceito puramente criado pela sociedade. Essas restrições impossibilitam a livre expressão, a liberdade, por isso a sociedade sempre será retrógrada, porque não consegue avançar, está presa nos seus conceitos e só vai abandoná-los quando encontrar outra referência para ocupar esse lugar e ser instituída como verdade para que ela se sinta segura até a próxima mudança.

Eu lembro que tempos atrás, como não havia como saber o gênero da criança antes do nascimento, as pessoas compravam roupas brancas ou amarelas, de todas as cores com exceção de azul ou rosa, já demonstrando como era limitada a questão de gênero.

Também foi instituído que o homem deve ser provedor, forte e que não pode chorar; muitos homens são cobrados pela imposição da sociedade que instituiu esse modelo. Consequentemente, ele aprendeu a reprimir suas emoções, tornando-se uma pessoa rígida.

A mulher, nesse sentido, é mais livre. Pode se fragilizar, expor suas emoções livremente.

Então, temos uma pessoa reprimida, presa na sua "superioridade", tendo que se casar, conviver e viver com esse ser "dramático" e "inferior". Partindo dessa analogia, acredito que é de difícil relação equilibrada dois seres presos em dois *Certos* divergentes, oponentes e em conflito.

A perda da *Referência de Origem* a partir da própria pessoa cria seu vazio interior. Com isso, ela tende a tentar compensar a partir do outro. Perdida no vazio, fica à procura de si mesma. Quando isso ocorre, há uma inversão de referências: cria-se uma espécie de espelho onde se projeta nos outros aquilo que somos, e que atrai aquilo que é, embora possa ser interpretado e até parecer o contrário. Ou seja, o outro passa a ser responsável por suprir o que a pessoa não consegue suprir nela mesma.

Em minha acepção, quando queremos alguma coisa, é porque não somos ou não temos. Porque quando sou, eu não quero, porque tenho eu já sou.

Quando me refiro à relação amorosa, é necessário reverter essa polarização para poder *ser* a partir de si mesmo, visando atrair este objetivo específico. Temos que ser para poder atrair. De acordo com a lei da atração, atraímos aquilo que somos e com o que estamos sintonizados. Portanto, é preciso estar concebido na estrutura do EU, é preciso estar na pessoa para poder reverberar e atrair do exterior aquilo que ela é. Quando somos, expandimos o que somos na relação com o outro. Mesmo que a relação termine ou se, por algum motivo, a pessoa não queira mais o amor – ou aquilo que expandimos a partir de nós para ela –, continuamos sendo uma fonte, não vamos sentir o vazio, a falta e consequentemente a saudade. Entenderemos e aceitaremos que tudo na vida tem o seu tempo, que as pessoas surgirão e partirão em algum momento de nossa existência.

A única pessoa sempre presente em toda a nossa existência somos nós mesmos. Saber aceitar que o *Processo* foi concluído, desapegar e estar aberto para viver outras possibilidades é o mais saudável. Quando não se aceita que algo terminou, quando nos permitimos sentir a rejeição, a discriminação e o abandono, passamos a ser totalmente responsáveis por esse *Processo*.

Reencontrar as partes perdidas da *Origem* permite retornar à própria unidade e, assim, voltar a se expandir na relação com os outros.

Lembre-se que o sofrimento dura até a aceitação.
No momento em que se aceita, acaba o sofrimento.

Todas as pessoas têm total liberdade de querer ou não estar conosco. Da mesma forma que também temos essa mesma liberdade. Não podemos obrigar, tornar os outros dependentes de nós mesmos ou dos outros. Lembre-se de que quando temos o poder sobre algo, tornamo-nos responsáveis. Consequentemente, quando esse tipo de relação acontece, há uma interferência na liberdade do outro, que fica preso a nós, e nós aprisionados a ele. Forçar uma situação na tentativa de resolução de um vazio ou de uma solidão, adquirida e desenvolvida ao longo do *Processo*, significa que não estamos interessados nos outros, nem ao menos os estamos vendo! Na realidade, estamos interessados apenas em suprir a nós mesmos.

O amor nunca depende do outro, porque amar é um estado de ser.

Quando alguém percebe ser diferente do contexto do que é aceitável como *Certo*, está sujeito a sofrer com a discriminação. Como comentei anteriormente, o homem é reprimido e discriminado se não agir como se instituiu na sociedade como homem. Uma mulher é discriminada e é considerada inferior por esses mesmos homens. Seus filhos serão discriminados se não se encaixarem no considerado *Certo* por seus pais, terão de se encaixar nesses rótulos – isso ocorre na sociedade como um todo. Portanto, vivemos em uma sociedade em que todos, algum dia, foram vítimas de discriminação. Basta estar fora de um contexto, uma ideologia ou um grupo determinado. Há também a discriminação de cidades contra cidades, países contra países, etnias, crenças e sexualidade, criando uma rede de discriminação que indiretamente envolve a todos no planeta. Consequentemente, vivemos apenas breves instantes sem sermos discriminados quando passamos desapercebidos dos olhos maldosos que condenam, de quem não sabe amar algo diferente de si mesmo.

Deixar de ser uma pessoa discriminativa não é tarefa fácil enquanto existir o *Certo* e o *Errado* dentro do indivíduo. Porque isso vai colocá-lo na posição de um juiz que condena, torna alguém réu e determina que essa pessoa é uma vítima. As pessoas estão sempre se fazendo de juízes, condenando o outro para falsamente se sentirem melhores, fazendo alguém de réu. Mas o fato é que ninguém quer se sentir réu, porque ninguém quer ser culpado. O que você, caro leitor, não sabe é que quem age assim é movido por uma necessidade resistente, que o faz lutar para se manter vivo. Essa necessidade, chamada amor é que nos faz zelar, saber nos preservar, por isso ninguém quer se sentir culpado, porque a culpa retira o amor presente na *Essência*. Porém, nada nos destitui da responsabilidade pelas nossas próprias vidas e escolhas que resultaram no que somos hoje. Entretanto, não podemos ser culpados pelas escolhas *Inconscientes* quando agimos sem o conhecimento adequando na situação.

Somos livres para querer ou não aprender e evoluir, mas o *Certo* é que quanto mais conhecimento, mais *Conscientes* e menos discriminativos nos tornamos.

As interferências e as influências fazem a pessoa aceitar sem questionar por meio do *Processo* da *Referência de Natureza*, pela *Adaptação* ao meio. No entanto, isso acaba por fragilizar seu *Processo* de desenvolvimento. Cria-se uma verdade baseada nessas referências, definem-se valores a partir delas e aprende-se a condenar, rejeitar, desvalorizar, injuriar, menosprezar e ridicularizar. Constrói-se uma realidade baseada no que foi instituído como *Certo* e desconsidera-se, em contrapartida, o definido como *Errado*.

Aprende-se a valorizar apenas o próprio *Certo*, a olhar com os olhos que condenam e a apontar os erros, a *Julgar Comparando*, *Criticar Destruindo*, diminuir, separar e excluir. Tornando-se vítima da insuportável dualidade do *Bem* e do *Mal* que a própria pessoa criou. Em meio a esse contexto de manifestações de antipatia, define-se *melhor* como *superior* e *pior* como *inferior*. Quando se define algo como *bom*, obrigatoriamente, ocorre a comparação com algo considerado como *mau* ou *ruim*. Não existe como não comparar quando é criada a oposição e a discordância. A discriminação vai estar presente nesse *Processo* por ser essa a única forma de definição aprendida pelo ser humano inserida em sua própria sociedade. Não existe campanha possível de respeito à diversidade e contra a discriminação enquanto houver essa maneira de interpretar tudo o que existe.

É uma luta não ser uma pessoa discriminativa; enquanto houver a separação injusta para um lado e justa apenas para o outro. A disputa desleal só pode ser quebrada quando se aprende a avaliar pela perspectiva do Tudo Certo.

Um caso para ilustrar:

Uma vez, uma cliente veio me procurar. Ela havia sido vítima de *bullying* na infância por sofrer de uma doença chamada alopecia – uma queda prematura e em geral temporária dos cabelos e, algumas vezes, dos pelos –, ela era considerada a carequinha da escola. Isso não a impedia de ter amigos. Contudo, ela se recorda que algumas meninas, em especial de sua própria sala de aula, a excluíam e não a deixavam fazer parte das atividades do cotidiano. Então, ela ia brincar com os meninos por causa dessa exclusão das meninas. A partir disso, as mesmas meninas comentavam: "Ela vai brincar com os meninos porque ela não tem cabelo!". Ou seja, ela se sentia diferente das outras meninas de sua faixa etária. Os anos se passaram e, em sua adolescência, já para o início da fase adulta, ela criou bloqueios, tanto emotivos quanto sexuais, que a impediam de se relacionar com os homens.

Também por causa desse mesmo trauma, alguns anos após esse incidente, ela desenvolveu o hábito de querer agradar as pessoas de toda forma, para tentar se sentir inserida, de maneira a participar da realidade alheia. Com isso, criou a tendência de se anular, de querer promover apenas prazer para os outros para ter reconhecimento, na tentativa de recuperar a valorização perdida por conta da rejeição sofrida. Assim, atraía pessoas que abusavam de sua boa vontade, a usavam e a descartavam. Quando isso acontecia, ela se sentia frustrada, decepcionada, rejeitada e desvalorizada, ou seja, em sua *Referência de Processo* assumiu o acordo de se sentir rejeitada e desvalorizada. Então, atraía pessoas que não iam lhe dar o que ela desejava, por serem pessoas egoístas. Como ela mesma excluiu o próprio ego, passou a atrair pessoas com o ego exaltado! Nessa relação, *Ato e Consequência*, está *Tudo Certo*.

Bullying e o *Tudo Certo*

Para a filosofia do *Tudo Certo*, identifiquei a existência *Inconsciente* de alguns fatores que contribuem para a cumplicidade entre a vítima e o promotor de *bullying*, a partir do *Ato* de quem promove e da *Consequência* na sua vítima. Forma-se um vínculo imperceptível desde o início da relação que dá origem ao *Processo* de formação do *bullying*.

Para ilustrar isso vou usar o caso de um cliente que, ao fazermos o seu reconhecimento de *Processo* – nome que dei para tratar das *Referências de Processo* –, identificamos que ele apresentava comportamento de exclusão, muitas cobranças, autocrítica e julgamentos tanto contra ele mesmo como contra a sociedade, dentro do conhecimento que ele havia adquirido sobre desenvolvimento pessoal e espiritual.

Notei ter por trás dessa busca pela via espiritual a necessidade de encontrar alguma referência, de buscar respostas para o sentimento de se sentir perdido na vida e deslocado. Sua sensação de *peixe fora d'água* tornava-se ainda maior pelo fato de também não se relacionar bem com os pais. Esse jovem, aos 24 anos, tinha se fechado em seu mundo e se tornado invisível para a sociedade por não ter criado vínculos e relações com ela. Uma de suas queixas foi ter sofrido *bullying* até a adolescência. Colocava-se como vítima do *Processo* e, pelo seu ponto de vista, suas experiências realmente revelavam isso. Narrou em detalhes as maldades e as crueldades dos atos violentos, intencionais e repetidos contra ele. Indefeso, mostrava os danos físicos e psicológicos mediante o desconforto guardados em seu interior, provocados pelas situações agressivas, vexatórias e humilhantes vividas.

Na visão do *Tudo Certo* sempre procuro revelar outra perspectiva para a pessoa conseguir sair da posição de vítima e compreender a situação de outra forma – e até vir a aprender com esse acontecimento de maneira a colher frutos benéficos para seu desenvolvimento. Transformar o suposto *Errado* em que meu cliente acreditava devido à humilhação que vivera foi possível ao mostrar que estava *Tudo Certo*, que não poderia ter sido diferente, e ele precisava aceitar isso como parte do seu *Processo*. Havia resistência, porque mágoas e raivas estavam fortemente presas nele. Perguntei: "Você já pensou que ao ser um ótimo aluno, tirar boas notas e se destacar, por ser uma pessoa fechada no seu mundo, sem querer você provocou o *bullying* em pessoas que se sentiram incomodadas com isso? Tente perceber que os seus colegas se sentiram inferiores, principalmente os mais dispersos e irreverentes que não gostavam de estudar. Será que eles não viram em você um rival e na sua inteligência, uma ameaça? Será que não foi justamente isso que contribuiu para que eles, na tentativa de resolverem esse sentimento, procurassem pegar justamente nos seus medos de se expor? Por isso, diminuí-lo de alguma forma para eles era a única maneira de conseguir resolver o sentimento de inferioridade que sofriam. Tanto eles quanto você estavam sendo vítimas dos seus *Processos*".

O *bullying em geral* é praticado por quem se incomoda com o sucesso do outro. Esse tipo de sentimento pode continuar na vida da pessoa, transformar-se e mascarar-se em discriminação, inclusive corporativa, em que as pessoas competem umas com as outras, precisam atropelar os outros, difamar, falar mal, para se sentirem ilusoriamente bem, a partir do mal causado.

Fofoca é discriminação

A tendência de falar com desvalorização e depreciação sobre a vida alheia se baseia na *Crítica Destrutiva*, pois essa se origina de um *Julgamento Comparativo*, proveniente das influências que fazem parte da *Referência de Processo*! Ou seja, as pessoas não nascem fofoqueiras, elas aprendem durante seu *Processo* e passam a achar normal falar mal de alguém longe de sua presença. Tanto sabem que essa atitude é maldosa, que mudam de assunto assim que a pessoa ou alguém que possa questionar isso se aproxima. As pessoas normalmente agem dessa maneira porque têm a tendência de contar histórias de casos vividos, como maneira de terem assunto e até mesmo para manterem um ritmo de comunicação. No entanto, essa tendência, embora comum, muitas vezes possui algo maldoso em seu conteúdo. Essa maneira um tanto quanto grotesca faz do(a) fofoqueiro(a) uma pessoa discriminadora! A fofoca é discriminação, como todo e qualquer julgamento ou crítica que venha a rejeitar e definir algo como *Errado*.

O medo das pessoas de serem rejeitadas as impede de aprofundarem ou exporem suas opiniões em relação a determinados temas, até mesmo de desenvolverem uma conversa mais interessante em relação a alguns assuntos. As pessoas se tornam rasas por conta disso, superficiais e tendem a ser narrativas, replicam as cenas vividas, contam seus causos. Consideram ser mais bem interpretadas por se comunicarem assim. Contudo, sempre haverá em alguma parte de seus discursos um tipo de julgamento e ou uma *Crítica Destrutiva.* Algo sempre será inferiorizado! As pessoas fofoqueiras são limitadas e fechadas nos seus discursos pela ausência de conhecimento e capacidade de articular discursos bem mais elaborados.

20

INFERIOR E SUPERIOR

Na perspectiva da visão mental humana, considera-se *superior* tudo o que está acima da referência que a pessoa tem sobre si mesma, e *inferior* o que está abaixo dessa mesma referência. Quando encontramos uma pessoa mais baixa de estatura, por exemplo, já nos colocamos em uma atitude superior, e quando encontramos uma pessoa mais alta, sentimo-nos inferiores em comparação ao outro. Em nossa sociedade e na sua construção, o que é *superior* é considerado melhor e o que é *inferior* pior ou ruim. Nesse instante, cria-se a dualidade e a oposição. Essa perspectiva é característica do ego que mede a partir de si mesmo. Nesse caso, ao se sentir pior, é possível criar um complexo de inferioridade. Nesse sentido é criado um *alter* ego, uma representação inversa que se mostra superior aos outros.

A necessidade de comparar e de medir é algo que foi instruído e implantado gradativamente no ser humano por conta das influências sofridas. Dessa maneira, a forma de se perceber na relação com o meio, algo ou alguém cria a separação e desperta a *análise comparativa*, por perceber as diferenças e criar a dualidade. Assim, definimos o que está acima ou abaixo da referência inicialmente projetada. Como consequência, criamos discriminação e geramos o conflito.

Se cada ser está *Certo* no seu *Processo*, por estar de acordo com o seu conhecimento, que corresponde à sua realidade e à sua verdade – que é única e, portanto, incomparável –, isso significa que não existe comparação. Partindo dessa premissa, não há no universo os rótulos *superior* e *inferior*, porque essa relação está de acordo com a perspectiva de cada um.

A criação do *superior* e do *inferior* é puramente humana! É extremamente danosa porque não respeita o *Processo* de cada um, de acordo com sua verdade. Ou seja, tudo o que esteja abaixo do considerado *superior* e *Certo* passa a ser classificado como *inferior* e *Errado*.

O sentimento de *pena*

Quando você tem *pena* de uma pessoa, você está definindo-a como *inferior*, porque está avaliando a si mesmo em uma situação superior à dela. Portanto, esse sentimento é discriminativo por fazer uma comparação que cria uma oposição e uma distinção. Isso afeta a amorosidade, a receptividade e, como consequência, o respeito com o *Processo* de cada um. Existe um desfavorecimento à outra pessoa presente no sentimento de *pena*. Porque você está se colocando em uma situação superior à dela. Por sua vez, uma pessoa que goste de ter *pena* dos outros vai atrair pessoas que a farão ter *pena* dela. Tem pessoas que, inclusive, tiram proveito dessa situação, ao se fazerem de coitadas para, por meio da *pena*, tirarem proveito da situação, no sentido de se privilegiarem de alguma forma.

No conceito de *Superior* e *Inferior*, refleti sobre essa questão da perspectiva pela qual se olham as coisas. Seguindo esse conceito, quem se considerar acima, põe-se em um nível *Superior*, da mesma forma, quem se considerar abaixo, se coloca em uma posição *inferior*. Assim, a *pena* é um sentimento que está relacionado à perspectiva da pessoa. A exemplo disso, no que diz respeito ao sentimento de *pena*, temos pessoas em nossa sociedade mostrando suas deficiências, largadas no chão, para que, justamente, as pessoas as olhem de cima para baixo. Ao fazer isso, a pessoa inconscientemente é induzida a comparar-se à outra pessoa, vai se sentir em condição melhor do que ela, e a partir desse sentimento, vai dar esmola ou tentar ajudar a pessoa que pode estar tirando proveito justamente do sentimento de *pena*. Por resultado, o sentimento de *pena* não pode ser considerado como espiritual, mas sim um sentimento puramente humano, por estar de acordo com a perspectiva da pessoa em relação aos outros.

Convém lembrar que *pena* não está associada à compaixão, porque essa nasce da compreensão de que a pessoa está *Certa* em viver o que está vivendo, porque faz parte do seu *Processo* e sabe que é responsável. Toda pessoa é responsável por aquilo que experimenta, porque se ela está vivendo, corresponde diretamente a ela. Ou seja, ela não é vítima desse *Processo*. Está de acordo com suas ações que geraram esse resultado, que está *Certo* para ela. Quando temos compaixão, colocamo-nos no lugar do outro, tentamos ver saídas e alternativas para trazer a pessoa para outra *Consciência*. Estamos nos colocando em uma posição que propicia um desenvolvimento para poder proporcionar algo que a tire de onde ela está.

Sempre digo que devemos ajudar o próximo. Como uma metáfora ilustrativa disso, uma pessoa vai aparecer em nossas vidas para que ensinemos e ao mesmo tempo saibamos auxiliar e ajudar. Como exemplo, em um primeiro momento, vamos atravessar a rua, segurando em sua mão para que ela se sinta segura e vamos ensiná-la a olhar para os lados e prestar atenção. Na segunda vez, ficaremos na calçada, dando segurança para que a pessoa atravesse sozinha. Na terceira vez, não precisaremos estar presentes, teremos cumprido a nossa missão. Isto é a compaixão: replicamos conhecimento, libertamos e permitimos que a pessoa se desenvolva e siga livre. Não criamos dependência.

Ao contrário, a *pena* vai nutrir o estado em que a pessoa está e não vamos trazê-la para fora do seu *Processo*. Portanto, quem gosta de ter *pena* atrai pessoas que podem tirar vantagem disso! Esse é outro fator da *Lei da Atração*.

Nesse caso, temos uma relação doentia, onde um é a droga e o outro é o drogado. Quando se tem *pena* ou se considera, de alguma forma, responsável pelo *Processo* que só pertence, exclusivamente, ao outro, entramos em um terreno que não nos pertence. Isso pode nos levar, caro leitor, a considerar que estaríamos insensíveis e até mesmo indiferentes aos outros. Pelo contrário! Não se ajuda quando se mantém. Se ajuda quando a pessoa escolhe com o benefício daquilo que proporcionamos transformar sua vida. Quando isso não acontece, temos que ter muito cuidado ao estender a mão, porque podemos ser puxados para o mesmo poço onde o outro se encontra.

Lembrem-se: cada um está em seu *Processo*, *Certo* e de acordo com sua realidade. Existe sempre algo ou alguém que pode tentar tirar vantagem de sua bondade ingênua. Por isso não basta ser bom, é preciso ser bom e esperto para não ser um tolo na mão dos outros.

Toda pessoa que tem *pena*, ao ajudar, visa algo em troca. Esse sentimento esteve presente e também fortemente comercializado em momentos da nossa história, como quando dizem "Ajude ao próximo, que ajudará a si mesmo", quase como uma promessa de que seu lugar no Céu estará garantido. Tanto é que em certas versões, apresentadas como espirituais, até comercializam lotes no Céu em troca de ajuda a suas instituições, supostamente, voltadas para o *Bem*.

21

INJUSTIÇA

O abuso de poder, o desrespeito à vida e ao direito à sobrevivência estão na base da escravidão de muitos povos ao longo da história. A discriminação gerada nesse tipo de atitude definiu e condenou muitas pessoas à desvalorização ao instituí-las como *inferiores*. Infelizmente, todo ditador, todo grande conquistador, chefes ou qualquer pessoa que esteja no domínio de determinada situação pode achar que sua verdade tem que prevalecer sobre toda e qualquer outra, que está acima de qualquer julgamento ou condenação. Ele se institui como possuidor de um *Certo* absoluto, que o torna apenas um ser que, por onde passa, deixa marcas de destruição, morte e desamor. Como já citado, não existe para o universo e para aqueles movidos pela *Consciência* do *Bem* o julgamento de algo discriminativo ou definido como *Superior* ou *Inferior*, *melhor* ou *pior*. Não existe homem melhor que outro homem. Cada um está no seu *Processo*, em sua busca, querendo ser feliz, dar *Certo*, amar, ser amado, entre outras tantas buscas e desenvolvimentos.

Cada ser está em sua própria dimensão de existência e deve ser respeitado. Mas o respeito só existe quando se aceita que ele faz parte do *Tudo Certo*.

É importante frisar que, neste planeta, em nossa sociedade, ninguém consegue se safar da discriminação, nem mesmo os mais justos escaparam dessa cruel crucificação.

A discriminação continuará a existir enquanto houver o pensamento dual, as polaridades, o antagonismo. Por isso, convido você a continuar avançando, permitindo que eu o conduza para o amor além da sua própria definição e dos seus interesses.

22

JULGAMENTO

O medo de ser julgado Errado *e ser rejeitado faz a pessoa mentir e deixar de ser verdadeira. Quem não é verdadeiro não possui uma verdade para defender; é falso, logo, não existe.*

A capacidade de julgar só é possível por meio da referência de um determinado conhecimento. Isso significa que para ter adquirido esse conhecimento, foi necessário passar por algum *Processo* ou viver alguma experiência, ou ele foi adquirido por meio de alguém que serviu de referência. Portanto, por vivermos a situação, temos a capacidade de saber julgar e temos isso como referência pessoal. Somos, no presente momento, e nos vemos presentes na situação ou o que gostaríamos de ser espelhado em outra pessoa. Se eu fui, sou, ou gostaria de ser, significa que ao julgar o outro estou julgando a mim mesmo! Por isso existe a máxima "não julgue para não ser julgado". Se já fui, não posso condenar os outros, porque eles estão no *Processo* que eu antes vivi.

Devo respeitar porque eles ainda não adquiriram conhecimento que, felizmente, já tenho.

Se sou igual e julgo no momento presente igual, estou julgando a mim mesmo. Caso queira ser igual ao outro, isso significa que tenho inveja ou admiração. Resta saber o que está formado no indivíduo para que ele faça o seu devido julgamento com a respectiva justiça.

23

JUSTIÇA

O símbolo da Justiça é uma figura cujos olhos estão vendados, que significa imparcialidade. No entanto, considero ter outra representação: ao estar de olhos vendados, não é possível julgar a partir das referências que se possui, porque, caso isso ocorra, haveria comparação com aquilo que é ou acredita, o que acarretaria uma predefinição sem o devido conhecimento. Não seria possível, dessa forma, fazer um julgamento justo a respeito da situação ou pessoa.

A balança indica o equilíbrio e a ponderação na hora de considerar os fatos. Na visão do *Tudo Certo*, os dois lados da balança estão *Certos* para seus autores, que agiram de acordo com o que consideravam no momento, então para eles é a melhor opção para tratar e resolver uma determinada situação. Nesse momento, a sua justiça com base no conhecimento que uma pessoa possui é *Certa* e validada pelas conclusões que lhe davam segurança.

Todos nós buscamos agir com segurança, no entanto, os resultados das nossas ações podem interferir na ordem e no equilíbrio, prejudicando e até mesmo se apropriando indevidamente de algo que não nos pertence. Quando isso acontece, significa que a pessoa agiu de acordo com o seu conhecimento, muitas vezes inconsciente dos efeitos das suas ações, mas como emissor é responsável pelo que emite e pelo efeito que isso causa, influenciando o ambiente, a situação ou a pessoa envolvida. Nesse sentido, não há nada que possa excluir a pessoa da responsabilidade pelo ato que cometeu e pelo resultado que gerou.

Devemos considerar, porém, que a pessoa não agiu de propósito, porque para fazer isso tem que ter *Consciência*, saber dos efeitos das ações e dos resultados que vão gerar antes mesmo de agir. Quando temos *Consciência*, já temos de maneira inata, no interior, o sentimento de justiça. Ou seja, agimos visando o equilíbrio, a ordem, respeitando o *Processo* do outro, com parcialidade, diplomacia e equanimidade. Até se chegar a esse objetivo, no que se refere à evolução, todos os estágios que compreendem o ser humano estão sempre *Certos* de acordo com o estágio evolutivo, a percepção de sua dimensão, a compreensão, o entendimento e a análise que cada um vai fazer. Entretanto, a justiça universal ou lei do carma, significa a reparação para que a pessoa, ao pagar por seu delito, consiga por meio da *Catarse* acessar a *Consciência* e evoluir.

Prejulgamento e julgamento restritivo

Quando consideramos e definimos algo antes de ter conhecimento, já criamos um prejulgamento; estabelecemos, assim, uma referência que pode entrar em conflito com a realidade. Dependendo da situação, criamos uma antipatia, não ficamos receptivos na relação com o acontecimento, o que impossibilita o pleno envolvimento com a situação. Essas projeções iniciais tendem a prejudicar as relações e já estabelecem, dependendo do nível da avaliação, uma discriminação ou um favorecimento a uma ideia que se julga verdadeira. Assim, cria-se um conflito com a realidade e valoriza-se a ilusão de algo baseado em uma crença, por ainda não ser possível se compreender o fato. Nesse momento, o prejulgamento pode se transformar em um julgamento restritivo, que será criado baseado naquilo em que acreditamos, considerado a partir de algo que foi definido em uma relação e que já é estabelecido como permanente, restringindo a possibilidade de transformar a impressão prévia.

Quando vivemos uma situação com alguém, por exemplo, e, ao sair dessa primeira experiência, definimos essa pessoa como uma pessoa insuportável, é muito provável que essa impressão permaneça num próximo encontro. O que nos deixará já na defesa, em posição de rejeição, antes mesmo de vivermos algo novo com a pessoa, e, ao menor sinal que pareça se encaixar no primeiro julgamento, já confirmamos a antipatia, sem dar a chance de mudar essa relação. Com isso, podemos ficar repetindo esse *Processo* constantemente e nunca dar o benefício da dúvida e a abertura para a mudança. Dentro desse contexto, está *Certo* esse tipo de relação para quem desperta, emana ou escolhe agir e viver em conflito. Essa conduta apenas transforma uma primeira impressão em injustiça.

Tente agora analisar esse exemplo nas relações com as quais você tem algum tipo de conflito. Observe se um prejulgamento não o levou a uma conclusão equivocada, se em vez de transformar a situação, você, na verdade, não contribuiu para o conflito e o desiquilíbrio. Será que estamos sendo justos em nossas conclusões? O julgamento serve apenas para nos deixar azedos, igualando-nos com o outro, sem perceber que, na verdade, o que julgamos tem muito mais a ver conosco, com nosso olhar e nossos pensamentos do que com o outro. Por isso, não julgue para que não seja julgado.

Quando prejulgamos uma situação, pessoa ou a nós mesmos, estabelecemos uma intenção que cria uma conexão com o que foi determinado. A pessoa formula uma ideia inicial e se prepara para viver o que ela mesma definiu, ou seja, ao acreditar existir algo *Errado*, ela vai procurar por falhas, defeitos, coisas deficientes, imperfeições... e, claro, sempre vai encontrar porque ela já previu anteriormente que algo está *Errado*! Assim, criará uma antipatia por algo que julga ser o *Certo* para que ela sinta que tem razão naquilo que se predispôs a viver. Ou seja, a pessoa mesma já define uma situação desagradável para viver. Então, ela se prepara antecipadamente para encontrar defeitos e valorizar o que vir a considerar como *Mau*. Sua visão ficará restrita com relação ao acontecimento como um todo. Ou seja, quando definimos, utilizamos das próprias referências. Conforme for o conhecimento que possuímos, podemos limitar e ficar condicionados por esse próprio limite do conhecimento. E ao encontrarmos algo que se alinha com o que definimos, vamos dizer: "Eu estava *Certo*!".

Ter cuidado é importante, mas não se deve levar em conta que as coisas podem não ser como foi definido. É preciso deixar as coisas acontecerem naturalmente e considerar *Tudo Certo*, permitir-se estar receptivo e aberto. Ao nos depararmos com a realidade, caso queiramos outro resultado, serão necessários novos conhecimentos, informações que possam aprimorar e aperfeiçoar de maneira a gerar outros resultados mais favoráveis, que permitam expansão. E *Tudo Certo*!

Isso é uma forma de estar sempre em equilíbrio com as situações, embora para algumas pessoas seja difícil por conta de suas referências, da maneira de interpretar, provenientes das instruções recebidas durante o seu *Processo*, que domesticam e educam a ver o defeito, o *Erro*, a procurar por outro *Certo*, e com isso cria-se o *Julgamento Comparativo*.

24

JULGAMENTO COMPARATIVO

Eu considero existir dois tipos de julgamento: pelo sentido e o comparativo. O comparativo eu considero pela maneira de avaliar e definir as pessoas e situações como um grande obstáculo nas relações humanas. Muitos julgam dessa forma sem perceber estar criando conflito. Esse julgamento está na raiz da intolerância e da discriminação que têm o poder de restringir a capacidade de saber amar, valorizar, respeitar e apreciar as diferenças, porque destrói uma coisa e valoriza outra, ao considerar uma melhor e a outra pior. Essas formas de avaliação da situação tendem a tornar as relações tormentosas. As pessoas até chegam a afirmar e a julgar que estão em crise amorosa, que o casamento está em conflito! O fato é: ao agir dessa maneira, estão apenas desmerecendo alguma coisa que não está a contento e de acordo com o seu *Certo*.

Para quem realmente deseja não estar em um relacionamento amoroso, em harmonia e casado, essa maneira de agir está *Certa*. Para quem quer viver uma relação de amor, é preciso considerar que o amor não sobrevive ao tormento. Ele traz solução, une e integra. Por isso, não existe crise amorosa, existe, sim, ausência total de amor nesse tipo de cenário. Perceba que amor não é um problema, ele traz solução. E o *Julgamento Comparativo* fomenta e dá *Origem* à criação do meu conceito sobre a *Crítica Destrutiva*.

Quando procuramos falhas e definimos querer melhorar, já criamos a dualidade, a discriminação por meio do *Julgamento Comparativo*, o que vai prejudicar alguém ou algo. Por isso aconselho, pensando sempre em não ser causador de algum desequilíbrio que prejudique o próximo, não utilizar expressões, palavras ou definições que enfatizem o universo dual e oposto e criem o conflito. Esse é o ato da mais profunda injustiça por não respeitar que cada um está, à sua maneira, *Certo*.

Proponho, então, avaliar tudo como *Certo* e *Perfeito*, porque está de acordo com a dimensão, com o conhecimento, com a proposta, com a verdade e a realidade que está *Certa* e que corresponde ao *Processo* de uma determinada pessoa ou situação. Por isso, utilize palavras que não criem mal-estar. Partindo do princípio que tudo é perfeito, vamos, aperfeiçoar, aprimorar, pois tudo tem o seu valor.

Lembro que as referências do ser humano já o induzem a criar conflitos e ele já nasce dentro de um conflito por estar na sociedade com suas crenças e um padrão considerado perfeito, e tudo que não alcançar esse padrão será considerado *Errado*. São incluídas também diversas crenças que retiram a capacidade de valorização por criarem a comparação que privilegia um lado e desfavorece outro. O padrão inalcançável do *Certo* apenas impossibilita uma análise positiva e em paz a seu respeito, criando, assim, sempre uma conclusão destrutiva. Apenas quando descontruirmos o *Errado,* conseguiremos transformar a sociedade e curá-la dessa visão destorcida. É necessário que a pessoa saiba fazer uma análise positiva e em paz com aquilo que ela é na relação com o contexto para alcançar uma sociedade pacífica e feliz e não em conflito e em guerra de *Certos* contra *Certos*, causando desunião.

O sentimento de rejeição e culpa proporcionado pelo *Julgamento Comparativo* sempre gera mal-estar nas relações humanas. Ao avaliar uma situação, devemos favorecer a hipótese de estar receptivo para conseguir, realmente, aprimorar e gerar empatia frente à diferença que sempre existirá.

A maneira de *julgar comparando* define um *Errado* e um *Certo*, favorece um e desfavorece o outro. Tudo é único, por isso não podemos comparar. Uma pessoa nunca será igual a outra; cada um está em seu *Processo*, de acordo com seu nível de aprendizado e realidade que diz respeito ao seu estágio de vida. Quando comparamos o resultado de uma pessoa com o de outra, corremos o risco de discriminar um e favorecer o outro, de dizer "eu não tolero este porque ele não presta, mas tolero aquele porque tem a ver com o que quero".

Tudo tem seu valor, basta existir. Pode até não corresponder ao que se quer ou deseja, mas está *Certo*, por isso é preciso ter cuidado para não gerar discriminação, principalmente quando lidamos com pessoas. Tanto ao se comunicar verbalmente como apenas em pensamento, é permitido respeitar as diferenças. Quando é feita uma comparação, ela fatalmente vai projetar rejeição e promover o mal-estar para um e bem-estar e valorização para o outro.

O *Julgamento Comparativo* faz a pessoa ser simultaneamente um agente do *Mal* e do *Bem*. Ou seja, quando se é do *Bem*, não dualizamos e emanamos duas energias que não correspondem uma à outra. Portanto, o que sempre vai prevalecer será o mal. É como se misturássemos água limpa com água poluída, nesse caso o resultado será sempre água suja, nunca limpa. Em termos de energia não existe mais ou menos *Bem*, porque mais ou menos *Bem*, já perdeu o *Bem*, já está *Mal*.

Ao dizer "isso está ruim", o autor está condenado a ser o responsável por sua criação. Nesse instante, dependendo da formação, da evolução e da *Consciência* do indivíduo, é possível que ele seja levado a se considerar inútil, ruim ou não prestar. A partir daí cria-se na pessoa o questionamento sobre os motivos que a levam a existir: desperta-se em vida um questionamento interior de dúvida sobre permanecer ou não na vida. É possível implantar uma morte *Inconsciente* no outro. A pessoa vai se sentir triste, pode ficar depressiva, como também despertar os mais terríveis sentimentos como a mágoa, o ódio e a raiva. Temos que ter sempre na *Consciência* o tipo de influência que queremos causar para nós mesmos e para os outros, porque é nesse instante que se define a intenção e o propósito da própria existência, se é servir o *Bem* ou se vai causar destruição sem causa justa.

Uma causa justa é aquela que, mesmo através da catarse e da destruição, tem a intenção de se alinhar ao *Bem*. Portanto, em certos casos, a perda, a ruptura, a doença e até mesmo a morte podem desempenhar um papel necessário para que a pessoa renasça em direção ao *Bem*, através da conscientização e do autoconhecimento sobre o seu propósito, funcionalidade, manifestação e influência.

No fundo, ninguém quer admitir que está *errando*, ou seja, formamos uma resistência enorme até conseguirmos nos convencer de que estamos *Certos* de acordo com nosso conhecimento. Se existe uma forma *Certa*, é se aprimorar e aperfeiçoar. Lembre-se: é possível conseguir outro resultado a partir do resultado obtido, que está *Certo*. É dessa maneira que se transforma favoravelmente o *Processo*.

Também é bom não começar uma abordagem com uma ideia preestabelecida de que tudo está *Mal*. É preciso conhecer em que estágio do seu *Processo* de desenvolvimento está e, a partir disso, trazer conhecimentos que possam ajudá-lo em seu *Processo*, sem criar conflitos. Dessa forma, novas instruções não servem para invalidar o conhecimento anteriormente estabelecido, mas para somar ao que já se tem para gerar um novo resultado. Para agir de acordo com a proposta do *Tudo Certo*, sempre vamos aplicar a dinâmica do que é preciso acrescentar algo, aumentar ou retirar, a fim de gerar um novo resultado, que também estará *Certo*.

25

JULGAMENTO PELO SENTIDO

Os termos *Julgamento Comparativo* e *Julgamento pelo Sentido* foram criados por mim para definir os acontecimentos de maneira a contribuir para validação da minha tese sobre o conceito de estar *Tudo Certo*.

No *Julgamento pelo Sentido* fazemos referência ao que define algo ou alguém tendo como *Consciência* o sentido para sua existência. Portanto, no caso dos humanos, isso se refere à *Essência* do ser em seu estado humano. Assim, quando julgamos pelo sentido todos os seres humanos estão *Certos*, porque servem para a definição de humano.

Apesar de sermos todos humanos, com a mesma definição inicial, nunca encontraremos ninguém igual a nós. Até podem ter gostos, interesses, valores, crenças, desejos, satisfações entre outras características parecidas que nos tornam similares, mas nunca totalmente iguais.

Tudo o que existe é único, e por existir ganha espaço e adquire manifestação no seu tempo e na dimensão onde atua. Por isso, não se pode usar o *Julgamento Comparativo* quando se refere à existência de algo que é exclusivo e incomparável, pois se nada é igual na totalidade, apenas similar em aspectos, logo não se pode comparar. Mesmo que se coloque dois átomos ou dois corpos exatamente iguais um ao lado do outro, por ocuparem espaços distintos, já se manifestam de forma singular. Ou seja, similar ou parecido não é igual.

Quando julgamos uma pessoa em relação a outra, no *Julgamento Comparativo* podemos definir que uma é melhor que a outra. Contudo, quais considerações foram feitas para chegar a essa conclusão? Enquanto seres humanos, ambas são iguais, únicas, úteis e *Certas*. Porém, ao nos perguntarmos o porquê se considera uma melhor e a outra pior, definimos aspectos que as diferenciam e entram no *Julgamento Comparativo*.

Quando julgamos pelo sentido, como seres humanos, as duas pessoas servem e prestam. Mas quando é criado outro sentido, definimos outras referências, condicionadas ao que queremos, desejamos ou esperamos. Nesse caso, podemos dizer que queremos um ser humano profissional e competente na realização de determinada tarefa. Ou, em outras situações, definimos que queremos uma pessoa mais atenciosa e mais carinhosa, e por aí vai.

Atribuímos, assim, outros sentidos, de acordo com aquilo que necessitamos. A partir disso, quem se aproximar mais do que desejamos, será mais bem recebido. O problema está na tendência que as pessoas têm de julgar de acordo com uma intenção e depois querer outros objetivos, criando, assim, conflito com o que anteriormente aceitavam.

No *Julgamento pelo Sentido*, por exemplo, quando uma pessoa define querer alguém com quem se relacionar e não atribui outra exigência, significa que qualquer homem ou mulher serve para essa intenção. Entretanto, depois de algum tempo que se encontra o homem ou a mulher, o ser humano atribui outras necessidades, que, por sua vez, podem não corresponder ao acordo ou personalidade da outra pessoa.

No *Julgamento Comparativo* será dito que essa pessoa não presta porque ela não está de acordo com a nova intenção de ser carinhosa, atenciosa, segura... entre tantos sentidos atribuídos após o primeiro sentido dado. Nesse instante, é possível querer ou até mesmo exigir que o outro se encaixe nas características do novo sentido que foi dado à relação para que possa continuar aceitando e estar receptivo, permitindo se envolver para manter o relacionamento. Ao perceber que a pessoa não tem os atributos que posteriormente foram impostos, começam a rejeição e a cobrança, e a proposta inicial de encontrar alguém com quem ter uma relação se transforma em tormento.

Ao julgar pelo sentido, aceitamos o outro pelo que ele é, porque nossa exigência era, somente, encontrar alguém que quisesse se relacionar conosco. Entretanto, quando nos deparamos com outras necessidades para nós mesmos ou para suprir algo que resolvemos colocar nesse novo contexto, a pessoa passa a mostrar uma realidade adversa, contrária e, consequentemente, em conflito com os objetivos traçados posteriormente!

Isso remete às memórias já explicadas ao longo do livro sobre a criação do ideal. Em um primeiro momento, a pessoa atinge um objetivo, mas depois ela tem que se encaixar no ideal. Nesse instante, acaba a relação com o outro, porque só existe a relação da pessoa com ela mesma e com o seu ideal que permite e aceita.

As atribuições de características diferentes não podem ser comparadas porque são distintas. Toda pessoa é útil. Pode não ser útil para o que se deseja, mas se existe tem seu valor e deve ser apreciada por existir, porque tudo o que existe tem sentido.

Quando avaliamos pelo sentido, demonstramos gratidão pela pessoa ter aceitado estabelecer uma relação que era nosso objetivo. Num primeiro momento valorizamos, mas ao nos depararmos com características dela que não aceitamos, ou são diferentes, não toleramos ou não suportamos. Lembre-se: isso passa a ser um problema único e exclusivo da pessoa que não sabe amar.

Uma pessoa quer se sentar... em uma sala há uma poltrona, uma cadeira e um banco. Ao julgar pelo sentido, que é se sentar, todas as três prestam e servem para esse propósito. Entretanto, no *Julgamento Comparativo* favorecemos o que instituímos ser melhor, desfavorecendo, rejeitando e discriminando os demais. Por isso dizemos: "Esta é a poltrona que presta porque ela é a mais confortável!" – No início, o conforto não era preocupação, mas ao pensar nisso, a poltrona faz mais sentido. Isso não significa que o banco e a cadeira não prestam, porque eles também servem para se sentar. Muitas vezes, a pessoa atribui um sentido e depois resolve dar outro para as coisas, criando com isso um conflito com a situação.

***O que não toleramos no outro é o que fomos e não aceitamos mais em nós. Este é o seu momento de aprender a ter compaixão, compreender que o outro está onde você já esteve e que ele* Está Certo.**

Ao se deparar com aquilo que difere do seu *Certo*, não convém dizer, sequer pensar que você está *Errado*, porque isso pode fazer o outro se sentir mal com o que ele é. Ele pode sentir que não presta por não corresponder ao que queremos. Essa atitude é desamorosa e egoísta, além de demonstrar que a pessoa não sabe se relacionar com o que tem.

Na maneira de as pessoas perceberem a si mesmas e aos outros, elas sempre fazem uma comparação com base em seu conhecimento prévio. Elas passam a compor a verdade e a realidade do outro a partir daquilo que consideram por meio do seu julgamento. Portanto, julgam ser o *Certo* de acordo com suas considerações. Entretanto, quando uma pessoa se depara com realidades adversas, não aceita essa diferença, criando antipatia, aversão, repulsa e até conflito, caso isso venha perturbar os valores pelos quais a pessoa se firma. A tendência natural de proteger o que nós somos faz parte da autoestima, mas quando defendemos valores que definem alguém, esses se transformam em limitação, que condicionará a pessoa na relação com seu meio. Ou seja, o limite é sempre o conhecimento. E esse pode ser tanto benéfico como maléfico quando se depende dele para se firmar e provar o próprio valor.

O *Julgamento pelo Sentido*, ao contrário do *Julgamento Comparativo*, respeita o fato de tudo que existe ter uma razão, um propósito e, consequentemente, um sentido, que está *Certo* por seguir e respeitar a criação e não criar conflito. O *Julgamento pelo Sentido* gera compreensão, respeito, desenvolve expansão e melhoria nas relações de uma forma geral, tornando a pessoa mais compreensiva e aberta para interagir, aprender e fluir com a sua existência.

26

EMPATIA E ANTIPATIA

***Não existe evolução enquanto houver conflito. A dualidade criada pelo* Julgamento Comparativo *de valorizar algo, automaticamente deprecia outro e provoca discriminação. O* Errado *é um preconceito porque o conceito que define tudo na existência é que tudo está* Certo.**

O *Julgamento Comparativo* foi instituído pelo ser humano no seu desenvolvimento a partir de suas capacidades cognitivas e sua maneira de avaliar para definir algo. O indivíduo julga o valor a partir do que lhe serve. Delimita, por conta disso, o que está oposto a sua definição e que não corresponda a sua referência. Como abordado na criação do *Certo* e do *Errado*, o antagonismo, a polarização e a construção de duas realidades opostas estão na base da formação do *Julgamento Comparativo,* que vai desassociar, separar ou valorizar alguma coisa em detrimento de outra. Quando eu digo que algo é bom, já estou definindo que o oposto a isso é ruim. Portanto, a discriminação nasce do *Julgamento Comparativo.*

O ser humano foi educado e domesticado a julgar de forma comparativa. Por isso, está constantemente valorizando um lado e tirando o valor de outro, e é justamente essa dualidade de conexão completamente distinta que faz com que o ser humano crie uma divisão dentro de si mesmo e na relação com seu meio. É dessa divisão que surge o conflito. Percebi que isso está tão enraizado no ser humano, que torna quase impossível não julgar de forma comparativa. O indivíduo não percebe, muitas vezes, que ao julgar dessa forma está fazendo algo ficar *Bem* e ao mesmo tempo *Mal*. Vários exemplos presentes no cotidiano da pessoa já demonstram esse julgamento. Consequentemente, no *Inconsciente* coletivo de todos, sem exceção, existe o medo da rejeição e da desvalorização, porque todos já sofreram algum tipo de *Julgamento Comparativo*, em especial relacionados à discriminação.

Saber evitar o *Julgamento Comparativo* faz com que a pessoa saia do conflito da dualidade, que muitas vezes não é percebido, mas a intensidade de seus efeitos é enorme.

Quando uma pessoa diz para outra "Você errou!" isso pode fazer com que esta se sinta desvalorizada, rejeitada, discriminada, inútil e inadequada àquilo que a primeira aceita, porque ela a está comparando com o que esperava que fosse ou como agisse, de acordo com o resultado que deveria gerar. Lembre-se de que as pessoas geram os resultados de acordo com o conhecimento delas e que, dessa forma, isso está *Certo*, mas por vezes pode estar em desacordo com o resultado inicial que se esperava. Quando isso ocorre, é preciso aceitar que está *Certo* para a pessoa, embora possa estar em desacordo com o seu *Certo*.

Em contexto de grupo, um elogio a alguém, como "Viram como o João foi muito bem!" pode fazer com que as outras pessoas se sintam muito pior. Como já está no *Inconsciente* a desvalorização e a rejeição que todos sofreram, o João vai crescer na frente de todas as pessoas, e essas se sentirão inferiores. Assim, nascerá o conceito de *Superior* e de *Inferior*.

Quando uma mãe diz para um filho "O seu primo tirou ótimas notas" ou "Ele é um ótimo aluno", na sua *Inconsciência* ela acha que ao dizer isso está fazendo com que o seu filho use o primo como uma referência e procure ser igual a ele. Mas, na realidade, ela não tem como controlar o resultado disso e, dependendo do indivíduo, pode gerar em seu *Inconsciente* uma memória de rejeição, por se sentir desvalorizado e inferior no *Julgamento Comparativo* com o primo, o que pode desencadear diferentes resultados, como a necessidade de se autoafirmar e uma personalidade bastante competitiva; ou também um complexo de inferioridade; e até um comportamento omisso diante da vida por medo de ser julgado de forma *Errada.*

A forma de lidar com esse *Julgamento Comparativo* é muito relativa e depende do *Processo* de cada um. Por isso, em meu trabalho, romper com essas memórias e ensinar a não utilizar o *Julgamento Comparativo* sempre foi primordial.

Todo mundo sofreu com o* Julgamento Comparativo *em algum momento. Sentiu-se* Certo *em alguns momentos e em muitos outros,* Errado... *Perdeu-se, com isso, na dualidade.

É muito importante evitar comparações, porque fatalmente isso valoriza um lado em detrimento de outro. Como já comentei, quando criamos o ideal do nosso *Certo* e tecemos aquilo que consideramos ser o melhor, estamos fatalmente condenando algo ou alguém a se sentir sem valor, pior ou inútil para nós.

Muitas vezes esse julgamento não necessariamente precisa ser expressado e comunicado! Basta pensar que já se está discriminando e rejeitando. O que acaba por transmitir antipatia e impossibilita a receptividade do outro, bloqueando o fluir natural do indivíduo com seu meio, excluindo-o e prejudicando o amor. Como consequência, isso interfere na expansão e na prosperidade na vida.

Provavelmente, você nunca observou a vida pela ótica do *Tudo Certo*, por isso, não se condene caso, de alguma forma, perceba que suas ações até agora possam ter sido diferentes. Lembre-se de que agiu *Certo* de acordo com seu conhecimento. Contudo, a partir de agora, ao ler estas linhas, você adquire *Consciência* disso, logo passa a ser responsável por suas escolhas. Então, a partir de agora, caso continue, estará agindo de propósito, porque tem *Consciência* do que envolve o *Ato* e a *Consequência* e por fazer um *Julgamento Comparativo*.

27

A NECESSIDADE DE ESTAR CERTO E A AUTOAFIRMAÇÃO

A arrogância é uma necessidade de autoafirmação para se tentar, falsamente, sobrepor algum complexo de inferioridade sentido no passado, na *Referência de Processo* ou por haver algum sentimento instituído que faz a pessoa se julgar superior aos demais.

Lembre-se de que não existe *Superior* ou *Inferior*, essa é uma perspectiva de uma pessoa na relação com alguma outra situação, em que vai medir, fazer um *Julgamento Comparativo* com aquilo que possui.

O indivíduo julga que seu conhecimento, *status* social ou o que mais estiver na base do que o sustenta no seu ego o torna "melhor". Como foi mencionado, não existe melhor ou pior, pois essa é uma perspectiva limitante. Nesse caso, a pessoa que precisa se enaltecer frente aos outros para mostrar seu valor quer esconder sua insegurança, e agirá com arrogância ou altivez e considerará estar *Tudo Certo* para ela! Como consequência, e de acordo com a *Lei da Atração,* vai atrair pessoas iguais a ela. Ou seja, ela possui complexo de inferioridade também, porque uma pessoa arrogante só age dessa forma por ter se sentido inferior no passado. O arrogante atrai o humilde por sonância de similaridades de traumas no inconsciente. Com isso, essa aparente oposição é similar por deficiência. Ambos estão no mesmo nível, embora o arrogante se sinta sempre especial.

A pessoa com perfil autoritário tem necessidade de amedrontar, criar pânico e assustar os outros ao seu redor por sua presença. Podemos considerar esse perfil como um menino vestido com pele de lobo, que faz de conta ser poderoso e grande para mostrar sua força perante os que estão indefesos ou dependem dele. Esse tipo em especial se aproveita da fragilidade das pessoas apenas para se autoafirmar. Logo, o autoritário não sabe agir com autoridade, é considerado uma pessoa totalmente insegura, que esconde suas próprias dificuldades, esforçando-se para que tudo seja do seu jeito, com o objetivo apenas de dominar para se sentir com poder. Sua tendência é querer reprimir a verdade dos outros para que a sua prevaleça, a fim de que, dessa maneira, se sinta superior. É um causador de problemas ambulante e desprovido de amor.

Muitas pessoas sofrem com essa influência, principalmente por conta de suas origens familiares, e a possuem desde a infância. Digamos que nunca sentem, por parte da figura autoritária, que possuem valor como pessoas. O autoritário oprime para mostrar que está *Certo* a partir da sua verdade, que julga ser absoluta.

Como exemplo da influência sofrida por alguém vítima de uma figura autoritária e dominadora, temos o caso real de uma mulher, com seus 40 anos, de postura altiva, que veio a uma consulta comigo. Ela era muito simpática, contudo, expressava uma reação bem distinta: era próxima e ao mesmo tempo distante. Notei claramente que escondia algo interessante para ser tratado em sua contradição de comportamento, porque mostrava superioridade na fala e, ao mesmo tempo, inferioridade nos gestos e nas ações, e tentava esconder esse sentimento de inferioridade. Após algum tempo e com a aplicação de minha metodologia, ela disse o seguinte: "Sempre exigiram muito de mim! Sempre foi necessário que eu atingisse a perfeição... E nunca recebi qualquer tipo de elogio. Nunca ouvi um 'Ah, que bom!' ou 'Como fez isso bem!', eu só ouvia 'Fez bem, mas devia ter feito melhor".

A partir desse ponto, ficou nítido que essa mulher não havia recebido nenhum tipo de valorização ou reconhecimento. Eu perguntei a ela quem era a figura dominadora ou autoritária ao longo de sua vida. Ela, de pronto, respondeu: "Meu pai". Em seguida, disse que a verdade de seu pai era única, absoluta e incontestável. E sua mãe sempre concordava com ele, em todas as ocasiões. Com essa afirmativa, ficou muito claro como aquela garota, que no passado não conseguia se sentir valorizada pelo que fazia, resolveu se tornar, de maneira *Inconsciente*, dominadora e autoritária igual ao pai, para mostrar seu valor a partir de suas conquistas, ou seja, tornou-se competitiva contra ela mesma e, como se isso não bastasse, tornava os outros também dependentes dela para, ilusoriamente, sentir-se valorizada.

As memórias presas em seu *Inconsciente* gritavam-lhe, a todo tempo, que mostrasse sempre seu valor. Normalmente, quando uma pessoa replica o padrão proveniente de um conflito sofrido por meio de um trauma, isso é proveniente de um *Processo* mal resolvido que vai se acumulando de geração para geração, até por replicação genética.

Havia em minha cliente *Referências de Processo* pertencentes às suas figuras masculinas, absorvidas e transformadas em seu *Certo*. E, por ser mulher, ela desenvolveu também outro conflito com a própria feminilidade.

Essa tendência de replicar padrões é muito comum em certas famílias. As influências tanto positivas como negativas tendem a servir de referência e a compor a personalidade da pessoa. Assim, embora não se traduzam como segurança, para a pessoa servem de referência e transmitem igualmente uma falsa confiança que a permite achar que está seguindo na vida, até evoluindo, mas, na realidade, cedo ou tarde terá de retornar para os princípios que causaram o seu trauma para sair da ilusão do que achava ter concluído.

Quando, de fato, resolvemos uma situação, nos tornamos realmente livres e, com o conhecimento adquirido, não mais vulneráveis. Fortalecidos, retornamos, realmente, para o caminho da evolução. Portanto, a resistência em abandonar, transformar, mudar ou se libertar de alguma dependência, seja de crenças, valores, pessoas ou de algo que falsamente transmite segurança, por medo de ficar perdida e insegura, apenas torna a pessoa inflexível, teimosa e fechada em seu mundo. A necessidade de ter uma verdade absoluta, uma realidade absoluta e uma razão absoluta presente nas pessoas autoritárias e dominadoras ocorre porque estão inseguras e precisam disso para se autoafirmar. Falta-lhes ainda firmeza nos seus egos.

28

A CRÍTICA DESTRUTIVA

A pessoa que julga e considera existir o *Errado* se torna, automaticamente, antipática e emocionalmente azeda, por não ter desenvolvido a capacidade de compreensão e aceitação de algo diferente de seu *Certo*. Ela retira a doçura da vida. Pessoas ácidas, agressivas, intolerantes, rebeldes, arrogantes, impetuosas, com necessidade de autoafirmação, invejosas e maldosas por natureza se desviaram da sua *Referência de Origem* amorosa e estão aprisionadas no peso do tormento que causam, tanto para elas mesmas quanto para os outros. Eu gosto de brincar com a analogia de como vivemos em um planeta com gravidade, tudo parece ficar mais grave. Assim, parece que certas coisas, dependendo da personalidade da pessoa, promovem a tendência de tornar as coisas pesadas. Quando pensamos em ter uma vida agradável e justa, isso não é tentar modificar tudo e todos para encontrar o equilíbrio, mas, sim, avaliar o peso e a medida da extensão do valor dado para as coisas ou as situações; saber analisar se interessa essa atitude, principalmente quando há como referência o bem-estar.

É importante tornar as coisas leves, porque evoluímos do denso para o sutil. Por isso, saber tornar as situações leves é um objetivo fácil de alcançar quando nos perguntamos: *Será que vale a pena?* ou *Qual o benefício que isto me traz?* Assim, é possível parar de se dedicar ao que gera mal-estar, que torna a vida um fardo ou uma cruz pesada demais para se carregar. Acredito que todos temos nossa própria cruz, mas gosto de pensar na minha como um isopor, porque, assim, torno tudo o que faz parte da minha vida mais leve. Saber transformar tudo em leveza é o grande desafio para quem usa do artifício terrível de humilhar, difamar, diminuir e fazer mal a tudo e a todos com sua presença.

A *Crítica Destrutiva* é o maior desrespeito à Criação e a tudo o que existe. Para quem se julga espiritualista, religioso ou até, talvez, *Superior*, agir dessa maneira é uma facada no coração do próprio Deus. Parece dramático, pois é mesmo, porque toda pessoa que se utiliza da *Crítica Destrutiva* vive no drama dos seus fantasmas.

Partindo do princípio de que tudo pode se originar desse Criador, segundo a visão espiritual citada acima, tudo o que existe veio dessa *Fonte*. E, se existe, tem sentido, razão e propósito, é útil, porque do contrário não haveria razão ou motivo para existir. Então, quando algo não é favorável à própria pessoa, é inútil a ela, mas, ainda assim, existe, é útil a alguma outra coisa e deve, sim, ser respeitado.

Quando uma pessoa faz o outro se sentir mal, ou provoca alteração do estado do outro de bem-estar para o mal-estar, ela se torna agente a favor do desequilíbrio e da desordem, portanto, é agente do que conhecemos como *Mal*. A pessoa que manifesta a *Crítica Destrutiva* tem a intenção de ficar contra a vida e a existência.

A *Crítica Destrutiva* foi estabelecida no modo de vida das pessoas de maneira natural, sem perceberem a gravidade do *Mal* ou o peso produzido por ela nos relacionamentos. Sua utilização está diretamente ligada ao *Julgamento Comparativo*, que desfavorece, deprecia e discrimina. A pessoa adepta da *Crítica Destrutiva* pensa que está *Certa* e precisa julgar e condenar o outro como *Errado* para se sentir falsamente *Superior*. Quem fala mal, ou seja, provoca distúrbio, desequilíbrio da ordem do outro, é uma pessoa que não sabe respeitar e, por isso, não é capaz de saber valorizar o outro, o que a torna antipática.

Não devemos nos importar com quem fala mal de nós, porque essa pessoa não sabe amar. Ao darmos valor a quem não sabe dar valor, contribuímos para a desvalorização e, por isso, é possível entrar em atitude de defesa, para tentar proteger aquilo que somos. Tentar ser compreendido e entendido por quem não possui razão fundamentada em conhecimento é uma disputa de ignorantes, o que leva apenas a perda de tempo.

A *Crítica Construtiva*, por sua vez, favorece por conduzir a uma reflexão sobre a *Ação*, o comportamento, a atitude e seu resultado. As pessoas adeptas da *Crítica Construtiva* sempre vão se preocupar em não transmitir rejeição.

Você é o que acredita. Essa é a sua verdade, seu Certo.

As crenças limitantes são formadas a partir de ideias e críticas fundamentadas na intenção de fazerem as pessoas acreditarem que não são merecedoras de receber. Com isso, muitas pessoas acreditam que ter uma vida com conforto é *Errado* sob a perspectiva da espiritualidade. Muitas outras acreditam que contribuir para certas ordens religiosas lhes garantem benefícios espirituais. A bem da verdade, o universo na sua grandeza de simples não tem nada! O que de fato corrompe o espírito humano é o poder da ostentação, é articular para benefício próprio, prejudicando os demais. Por isso, a vida não necessariamente precisa ser um fardo a ser carregado. Seja como for, seja feita a sua vontade, a bem da sua verdade e *Tudo Certo*!

A vida não é um sacrifício, é um sacro-ofício ao sagrado.

A vida é um sacrifício para todos aqueles que a transformam no peso do mal-estar, e também para os que acreditam precisar se sacrificar, dar um pouco da sua vida ou até mesmo por inteiro para conseguir algo. Essa maneira de atuar não é um atributo do *Bem* favorável à vida. Quem encara a existência como uma série de privações cria um fardo que vai ter que carregar.

A humildade é uma virtude e, em contrapartida, a prepotência é uma deficiência de personalidade. Ninguém é dono do *Certo* absoluto. Evoluímos do desconhecido para o conhecido, por isso sempre teremos algo a aprender. Esse *Processo* é contínuo e infinito. Quando consideramos saber tudo nos fechamos para adquirir novos conhecimentos, bloqueamos a relação com a vida e com sua possível evolução.

A *Crítica Destrutiva* tem o poder de ir contra o princípio da vida, aciona o *Processo* autodestrutivo – autocrítica, cobrança, insatisfação, reclamação e rejeição, entre inúmeras manifestações. Quando aspectos relacionados aos princípios da morte estão despertos no interior, isso se torna presente na vida. Quando temos dois princípios funcionando no mesmo espaço e tempo, onde ambos têm intenções divergentes, temos aspectos em conflito atuando em conjunto. Isso ocorre quando o indivíduo faz escolhas que favorecem diferentes objetivos e a vida começa a desvanecer. A doença seria o próprio conflito, um desequilíbrio que afeta a ordem e gera bloqueio. Por isso, no meu trabalho, eu instruo e conduzo o cliente à *Consciência* desses princípios que contribuem para essa formação. Assim, ao curar a causa, libera-se do seu efeito.

Na *Crítica Destrutiva* sempre se projeta algo pesado na direção do alvo pretendido. E essa *Ação* parte de uma comparação (*Julgamento Comparativo*). Quando isso ocorre e a pessoa percebe que está em desvantagem em relação a outra pessoa, e no momento em que permite se sentir inferior, desperta a inveja. Para tentar resolver essa situação, muitas pessoas recorrem à *Crítica Destrutiva*, ou seja, precisam destruir o que consideram superior a si mesmas. Nesse caso, vão tentar diminuir o outro e procurar por erros para se sentirem falsamente superiores. Vamos ter, nesse ponto, as pessoas dizendo: "Você viu aquele? Deve ter feito alguma coisa para ter o que tem..." ou "Olhe aquela lá... como é assanhada!", entre tantos julgamentos depreciativos que apenas revelam o quanto as pessoas se sentem incomodadas com o sucesso do outro, mas que, na realidade, representam o incômodo que têm com seu próprio insucesso.

A inveja denuncia que a pessoa já desvalorizou o que ela é e enalteceu o outro automaticamente. Então, querer destruir o que ela mesma criou é o que denuncia seu próprio fracasso. Em contrapartida, ao se sentir superior, pode esnobar e tentar se aproveitar da situação para mostrar que está realmente acima. Nesse instante, vai se vangloriar, mostrar e falar sobre suas conquistas para que o outro se sinta mal por aquilo que é, para que ela se engrandeça ainda mais na sua frente. A falta de *Consciência* e de inteligência nesse caso faz com que a pessoa, ao agir dessa maneira, gere no outro a hipótese de invejá-la. Lembre-se de que quem inveja quer ter o que é do outro. Pode roubar-lhe energia, pode projetar algo ruim sobre aquilo que inveja. Por isso é muito importante ter *Consciência* de que cada um está *Certo* em seu *Processo* e agindo de acordo consigo mesmo.

Não existe superior ou inferior, porque cada um está em sua dimensão. Por isso, nunca compare se não quiser sofrer com a discriminação que criou, produziu e até provocou contra si mesmo.

29

A CATARSE

Presa no Processo *mal resolvido, algemada em seu acordo firmado no* Inconsciente, *a pessoa tende a perder constantemente... Não percebe as oportunidades quando elas chegam por estar focada nas perdas! Quando não acrescentamos algo à vida, perdemos a razão de existir, mas o universo, em sua infinita sabedoria, proporciona uma última chance: emergir pela* Pré-consciência *ou sucumbir pela* Catarse.

Querendo ou não, todos nós somos direcionados para o questionamento sobre o sentido das coisas. Parece que algo conspira para que transitemos de um estado para o outro até o desenvolvimento da *Consciência*. Esse *Processo* é atingido por meio de duas hipóteses: pela *Pré-consciência* ou pela *Catarse*.

Quando nos deparamos com algo adverso que nos restringe o conhecimento para saber lidar com a situação, ficamos inseguros e instalam-se o problema e a insegurança. Entretanto, na vida não existe problema, mas, sim, soluções. O problema nasce apenas quando a pessoa tem dúvida sobre sua capacidade de lidar com o que atraiu para a própria vida.

Viver as experiências como um problema e a necessidade de querer dar *Certo* para ser aprovado são sentimentos presentes no *Inconsciente* coletivo, devido ao aprendizado decorrente do período escolar, onde o aluno se vê testado e tendo que saber a resposta *Certa* para ser aprovado e valorizado. O medo da reprovação, preso no *Inconsciente*, em consequência dos traumas causados por cada erro nas provas e nos testes escolares, faz o indivíduo encarar cada nova experiência como um desafio, uma prova, um teste onde é preciso saber a resposta *Certa*. Como também mencionei anteriormente, evoluímos do desconhecido para o conhecido, então não teremos o conhecimento antes do acontecimento, mas se o atraímos é porque estamos preparados para viver esse *Processo*. Entretanto, ao acionar a dúvida, criamos uma referência que entra em conflito com a oportunidade de aquisição do conhecimento, instalando-se, assim, o problema.

Devido a essas referências que dificultam a percepção dos desafios como oportunidades, toda vez que é gerada uma dúvida sobre capacidade – "Será que sou capaz", "Será que eu mereço", "Será que estou pronto" – e como se deve agir, isso desperta insegurança. Nesse tipo de situação de dúvida, a pessoa cria uma divisão dentro de si. E justamente em meio a essa insegurança, se autocondena a ter que fazer uma escolha sem confiança, acionando nesse instante a dualidade entre o *Bem* e o *Mal*, e o resultado determinará o *Processo* a ser vivido. Seja qual for a escolha, o resultado estará sempre *Tudo Certo*.

Aquilo que atraímos tem referência direta com o que somos. Por vezes é difícil perceber isso, devido à* Inconsciência *no* Processo. *É quando a* Catarse *serve como* Processo *de resgate.

A *Catarse* funciona como um acordar abrupto para ajudar o indivíduo a rever sua posição e seus valores. Para isso, muitas vezes é necessário romper com a sua verdade supostamente instituída como absoluta. Mas que, na realidade, pode ser o contrário, tornando-o vítima do *Processo* que assumiu e instituiu como *Certo*. Até que a informação seja processada e transformada em *Consciência*, a pessoa é conduzida por essas verdades que podem não ser reais, mas que foram assumidas como absolutas em seu *Inconsciente*.

Para mim, é no *Inconsciente* que toda informação é recebida e armazenada primeiro. De acordo com a capacidade cognitiva, é que se pode questionar para alterar essa realidade. Isso só acontece na fase de transição da *Inconsciência* para a *Consciência* e muitas vezes nem se percebe esse *Processo*. Por exemplo, quando mudamos de ideia sobre determinada crença, alteramos uma verdade e incorporamos outra, que passa a ser o novo *Certo*. Isso é feito de forma constante e *Inconsciente*.

Entende-se, assim, que a *Catarse* é o meio pelo qual o indivíduo tem a oportunidade de rever os seus valores para regenerar o que necessita, de maneira a retornar para seu *Processo* de evolução e expansão associado à *Consciência*. Caso isso não ocorra, o sofrimento pode se instaurar facilmente.

Enquanto você não se aceitar, apenas vai contribuir para a permanência do sofrimento.

A *Catarse* permite uma reflexão sobre os valores. Esse questionamento, quando a pessoa está receptiva para negociar consigo mesma no sentido de liberar valores, crenças, regras, tabus, preconceitos ou aquilo que é considerado *Certo* e absoluto, ela se permite transitar para a *Pré-consciência*.

Caso haja resistência, a *Catarse* surge como uma força para esse *Processo* que conduz à transformação.

No entanto, quando a pessoa não possui valores favoráveis a si mesma, seu questionamento vai gerar dúvida sobre seu *Processo*. Assim, a própria pessoa passa a ser um problema que terá de ser resolvido.

Em decorrência do *Processo*, quando alguém não tem boa valorização pessoal e, consequentemente, amor-próprio, tende a se questionar e retirar seu próprio valor de tudo. Mergulha no seu EU, começa a se rejeitar e passa a reclamar do que faz parte da sua vida. A perda da gratidão, da valorização e da percepção do sentido de valor das coisas a faz ficar azeda, e tudo começa a perder o sentido, deixando de ser importante. Nesse cenário, a tristeza se instaura e a depressão revela que ela perdeu a satisfação pela vida e pela existência.

Quando uma pessoa em seu *Processo* é vítima de alguém que a maltrata e a faz se sentir sem valor, a humilha, diminui, faz com que se sinta inútil e incompetente, ela precisa da *Catarse*, que promoverá o resgate do que ela necessita para se voltar aos valores que agregam à vida. Em muitos casos, pode acontecer a separação, o divórcio, a perda de alguém ou outras rupturas necessárias para que ela tenha a oportunidade de solução.

Reclamar constantemente de tudo e de todos na vida já significa que a pessoa está na *Catarse*. Quando alguém está vivendo qualquer tipo de situação causadora de mal-estar, vive-se a *Catarse*, por ser esse o início do *Processo* de transformação, visto que a insatisfação facilita o questionamento de valores e perceber o que precisa ser resolvido. Assim, esse momento propicia uma nova escolha de vida para sair da prisão criada pela própria pessoa e à qual, inconscientemente, se submeteu.

Ao sair da *Inconsciência*, entramos na segunda fase do *Processo*, que é definido como a tomada de *Consciência*. Há dois caminhos distintos como proposta para se atingir a evolução: o primeiro é o *amor* – um caminho leve e sereno, que transmite clareza, segurança e faz a pessoa se sentir confiante. O segundo caminho, oposto, é o *confronto*, que revela a mesma intenção, mas induz o ser humano a perceber o mal-estar proporcionado por meio das ações estabelecidas e das escolhas feitas.

Movido pela força da natureza que conduz à evolução, o ser humano em *Processo* de *Catarse* acaba por provocar um despertar para a realidade. Esse embate produz um efeito que chacoalha suas estruturas, mostra a vulnerabilidade da verdade que tinha como absoluta, revelando que a confiança inicial era falsa e ilusória, evidenciando também as fraquezas, as teimosias e as relutâncias de se querer mudar.

Esse *Processo* conduz, em um primeiro momento, à constatação de que algo não está bem, e força a reflexão, de modo a gerar um questionamento sobre a situação em que está, para justamente poder viver uma transformação. Pode-se dizer, assim, que a *Catarse* é uma oportunidade a partir da perda, da dor e do sofrimento para transitar para a luz da *Consciência*. E, dessa forma, sair do falso brilho da sombra do que se julgava ser seguro. Portanto, a *Catarse* traz uma proposta, por meio da qual pode conduzir à queda ou às alturas. Propõe a morte ou a regeneração dos valores, assim como sair da mentira de uma falsa verdade sustentada por bases irreais. É por meio dela que surge a oportunidade de se fragilizar para encontrar a real e verdadeira força interior, permanente e imutável, pertencente à *Consciência*.

É como se a vida dissesse "Não é por aí! Essa *Ação* não está de acordo com o seu propósito", e estou apenas mostrando isso de modo a refletir sobre suas ações para mudar de sentido, estabelecer outra razão e conseguir a transformação necessária para atingir a evolução. Para sair de onde está para outra realidade por meio do grande salto proporcionado pelo desapego de uma grande ilusão.

É importante salientar que a *Catarse* não obriga ninguém a mudar, apenas mostra o que de fato está acontecendo. Essa descoberta, tirar a coberta para ver o encoberto, revela a verdade da pessoa. A sensação é de ficar pelado em praça pública, porque a *Catarse* tem o poder de expor a realidade, denunciando o que foi corrompido e revelando a verdadeira estrutura moral em que o indivíduo se sustenta.

É em meio à maior insegurança que a pessoa deve se sentir segura, porque estar segura é um estado de ser e não de fatores externos; é na ruptura que a pessoa percebe que, na verdade, não tinha segurança alguma, que estava dependente e presa a uma farsa. A *Catarse* apenas propõe a libertação, o resgate do EU perdido, restabelecimento da dignidade, da autoestima, do respeito e do saber se posicionar e dizer não – chega, acabou, basta! É quando, no profundo da dor, renascemos para o verdadeiro amor.

O amor nasce da autopreservação e termina na autodestruição.

Como tudo no universo, nascemos para evoluir, e isso alimenta a nossa alma e o nosso ser, nutre o sentido de nossa vida, a vontade de querer aprender para expandir nosso conhecimento.

Ao não desenvolver sua *Consciência* individual, a pessoa se deixa influenciar demais pelas influências exteriores e tende a se perder nas referências do coletivo. Com isso, não desenvolve a percepção pessoal, transforma seu EU no que o mundo de fora dita, perdendo o poder sobre si mesma. Alienada, não consegue desenvolver a capacidade de interagir de maneira a perceber o seu envolvimento, o que contribuiria diretamente para o desenvolvimento de sua própria inteligência. Consequentemente, essa alienação acarreta perda de força vital, atrofiando ainda mais o poder sobre as ações.

Para algumas pessoas, é melhor e mais fácil não questionar para não terem que mudar, criam suas próprias zonas de conforto. Esse tipo de postura interfere na expansão da *Consciência*, pois nascemos para evoluir, assim como tudo no universo. Isso nutre o nosso sentido de vida, de maneira a aprender para ampliar nossos conhecimentos.

Essa força catártica de evolução surge na vida de cada um de nós e vem para romper as barreiras, retirar a inércia capaz de interferir no desenvolvimento da pessoa e que funciona como uma espécie de autossabotagem ao *Processo* de crescimento. Promove, por meio do despertar para novos conhecimentos, a ascensão da *Consciência*, da possibilidade de dominar as ações para se conseguir segurança, criar poder pessoal, despertar a confiança e, assim, conseguir liderança sobre as situações da vida. Oferece o que mais se necessita: o poder de expandir e manifestar livremente a individualidade.

Por sua vez, quem preferir não questionar a vida não precisa ter o trabalho de mudar! Essa escolha pelo menor esforço é o que gera estagnação. Consequentemente, é possível colocar na posição de vítima, culpar algo ou aos outros pela própria falta de ação frente à vida, entre tantas outras ações e justificativas que o eximam da responsabilidade sobre sua própria existência. Assim, seja qual for o *Processo* escolhido, o da estagnação ou o da mudança, os resultados corresponderão ao *Certo* com o qual a pessoa terá que viver.

A *Catarse* que todos vão vivenciar de uma forma ou de outra, caso não seja revista a postura de vida, representa a purificação, a evacuação ou a purgação de comportamentos, atitudes, formas de pensar e de sentir que contribuem para esses bloqueios. Essa espécie de sobrecarga de energia faz com que a *Catarse* cedo ou tarde apareça. Ela pode surgir por meio de vários tipos de manifestação, como: doença, perda de emprego, perda financeira, falência, separação, rupturas, divórcio e até acidente, o que fatalmente obriga a pessoa a rever sua atuação. A *Catarse* é como um *Processo* de purificação da alma, do ser, por meio de uma descarga emocional dramática.

Considero a *Catarse* uma espécie de morte ou regeneração. É preciso morrer e, em seguida, renascer para algo novo. Isso é uma chamada, um convite para uma real mudança de valores. O indivíduo, ao ter que transitar da felicidade para a infelicidade, da saúde para a doença, da riqueza para a pobreza, é forçado a questionar sua vida para conseguir, pela perturbação e pela agitação da situação, realizar a mudança necessária, dando lugar a um novo conceito em relação à vida e à existência. Por meio dessa *Ação*, desenvolve a compreensão sobre seu *Ato* e sua *Consequência*. Munido dessa visão, do todo que envolve e faz parte da situação e não somente de seu ponto de vista, percebe o que precisa para a sua melhoria enquanto indivíduo, de outro *Certo* mais conivente com uma proposta de vida favorável e focada na harmonia.

Atualmente, muito dessa *Catarse* está aparecendo, tanto no plano individual como no coletivo. Essa vem sendo uma forma de trazer à superfície, mostrar, revelar para sair das profundezas o que precisa ser liberto. Ou seja, é preciso que pela tragédia se reveja a postura frente à vida. Todas essas situações inusitadas, sejam no individual ou no coletivo, fazem as pessoas ou uma comunidade mudarem para melhor ao terem de rever sua postura de valores. Por sua vez, é só parando para observar que se percebe essa força purificadora sempre presente quando se precisa experimentar a liberdade em relação a alguma ação, situação ou atividade opressora.

Por meio de questionamentos a pessoa começa um *Processo* lento de despertar sua *Consciência*, mas existe uma tendência automática e natural de querer o caminho que exige menor esforço, o que pode interferir na aquisição do conhecimento. A *Consciência* é a capacidade de perceber os atos, as ações e os resultados que podem gerar para si mesmo e para todos com os quais se relaciona. A inteligência humana possui a capacidade de se fazer entender, e isso é necessário para agir, raciocinar e planejar. Assim, a pessoa vai se conhecendo pelo resultado daquilo que produz em seu cotidiano, por meio das diversas ações e experiências. Por isso, quanto mais movimento, maior a ampliação do poder da inteligência.

Existe uma minoria capaz de discernir e agir com *Consciência*, preservando a si mesma, a vida e os outros. Mas a maioria, perdida em sua *Inconsciência*, assume a posição de vítima de seu *Processo*; perde o controle, o que a impede de ter liderança, foco e, consequentemente, materializar os seus objetivos. Essa fase é o primeiro estágio do *Processo* evolutivo, e, ao ficar presa na rotina das experiências repetitivas, a pessoa aliena sua inteligência e seu *Processo* de desenvolvimento.

Nesse *Processo* de desenvolvimento, alguns padrões e vícios de comportamento tendem a continuar se repetindo nas experiências, mas aos poucos a pessoa percebe que se trata de uma autossabotagem, e então toma uma atitude. Como um convite à reflexão, revemos a forma de atuar para que seja possível transitar para fora desse *Processo*. Esse chamado para a *Consciência* necessita de comprometimento e transformação, senão nada mudará.

Não é possível mudar um resultado que está sempre *Certo* se a pessoa insistir em ficar teimosa, inflexível, radical, agressiva e relutante à mudança. Isso apenas contribui para agravar ainda mais o *Processo* da pessoa. Caso pretenda atingir alguma alteração, ela vai ter que abandonar alguma coisa para poder atingir uma nova realidade, um novo *Certo*.

A libertação dessa segunda fase conduz para a fase três do *Processo*, e essa fase só é possível com transformação e deixar de nutrir o que antes aprisionava a pessoa. Dessa maneira, é possível conseguir perceber e compreender o que envolve a saudosa *Consciência*, adquirindo poder sobre si e sobre a vida.

30

JUSTIFICAR TRANSFERINDO

O medo de errar implica diretamente em uma sensação de culpa que pode provocar no autor da *Ação*. Não podemos destituir a pessoa da responsabilidade quando essa faz parte de determinada situação. Porém, muitas pessoas interpretam a responsabilidade no sentido negativo, o que faz com que se sintam culpadas. Essa culpa afeta o amor-próprio e, consequentemente, aciona um *Processo Inconsciente* de julgamento e condenação, que, obrigatoriamente, faz a pessoa se sentir mal pelo que provocou e gerou de resultado.

Com base na *Referência de Natureza* da pessoa é acionado o *Processo* de autodefesa. Ele faz com que a pessoa tente fugir do seu *Processo*, justificando e tentando transferir seu sentimento de culpa, a fim de minimizá-lo. Ora, uma pessoa que justifica seus atos e entra em um *Processo* de defesa já se autodefiniu como responsável e culpada! No entanto, para não ser julgada, ela rejeita ser criticada pelos outros, porque isso afetaria a imagem daquilo que sustenta e faz com que ela se faça de desentendida e até de vítima de sua própria situação.

Quem justifica mente para si mesmo.
A maior mentira é mentir para si mesmo e se valer de uma falsa verdade para se sentir melhor.

Toda *Ação* tem um resultado, e esse tem um preço a se pagar. Nem sempre ele pode ser quantificado, mas o fato é que quem age assim estará em dívida com os princípios que regem a evolução. Deus não supre a oportunidade de nos desenvolvermos; só os imaturos querem que Ele resolva suas falhas.

A justificativa é uma tentativa de fuga da responsabilidade, quem justifica sabe que fez, mas para não se sentir culpada pratica o que nomeei de *Justificar Transferindo*, porém no que se refere à questão do *Ato* e da *Consequência*, a pessoa sempre será totalmente responsável quando depende apenas dela a *Ação* para obter o resultado. A tendência de procurar subterfúgios para justificar o erro não passa de simples justificava para ilustrar essa maneira de não querer assumir a autoria do que corresponde à própria pessoa, pois ainda que ela tenha algum tipo de desculpa, a responsabilidade é apenas dela. Assim, na questão do *Tudo Certo*, para a pessoa que justifica e transfere a responsabilidade para alguém ou algo, é uma maneira de ela se sentir falsamente *Certa*, por considerar que está sendo verdadeira, mas o fato é que está enganando e mentindo, valendo-se de uma verdade que não existe.

Em nossa sociedade, o *Julgamento Comparativo*, a *Crítica Destrutiva* e o *Justificar Transferindo* são comumente aplicados, por isso, convido você a perceber como as pessoas estão contaminadas e dominadas por essa maneira conflituosa e irresponsável de ser e agir. Por isso na dinâmica do *Tudo Certo* um dos objetivos é não aplicar essas três ferramentas de quem vibra na antipatia e na relação destrutiva que nada agregam de valores para quem as pratica.

Transferir a resolução para terceiros não permite aprender com a situação, o que torna a pessoa vulnerável para atrair e criar o mesmo problema ou dificuldade em uma experiência futura. Ou seja, isso interfere diretamente em seu *Processo* de evolução e expansão. Essa limitação, que afeta na aquisição de conhecimento, vai contribuir para a estagnação da prosperidade, bem como do desenvolvimento de *Consciência*. Essa forma de lidar com as situações contribui apenas para sua própria estagnação.

Por isso, ao percebermos que somos uma força que gera resultado, precisamos saber que ora agiremos com *Consciência*, ora sem ela, e esse *Processo* está atrelado ao nosso desenvolvimento.

Quando se é verdadeiro não existe castigo a ser atribuído.

Seja como for, a escolha de continuar exercendo essa maneira de se relacionar com o seu mundo é apenas sua. Se ao ler isso que acabei de explicar você resolver ignorar, está apenas impossibilitando sua transformação para uma vida melhor.

31

O PADRÃO – A RODA DAS REPETIÇÕES

Padrão é o *Processo* rotativo e repetitivo que acontece com a pessoa ao longo de sua vida. A sensação é de como se tivesse vivido um filme e tende a se repetir de tempos em tempos, sempre em uma determinada relação com algo ou alguém. Mostra-se em determinado setor ou segmento da vida, causando as mesmas sensações e resultados. Outra denominação que utilizo para esse *Processo* é o chamado *Loop*, em que a memória forma ciclos que, ao retornarem e de acordo com a *Lei da Atração*, resultam em situações que tendem a se repetir continuamente, ou seja, é um *Processo* similar de situações e relações, que produz uma referência na pessoa, como se já tivesse vivido aquela mesma história.

Como já mencionei, a vida é movimento. Então, o padrão, embora seja um *Processo* repetitivo, mantém a pessoa presa no seu *Processo*. Isso aciona sempre o mesmo mecanismo, tipo de sensação ou energia cuja manifestação permanente pode vir a se condensar, resultando em algum tipo de doença na pessoa.

O ciclo do padrão precisa ser quebrado para que haja transformação. É necessário barrar as ondas de retornos para que não sejam desencadeadas, permitidas e liberadas novamente as mesmas energias que vão fatalmente atrair novamente outro acontecimento similar.

A pessoa, quando envolvida por uma série de conflitos, começa a repetir o modelo de suas ações. A partir disso, seu desenvolvimento humano estagna, ou seja, ela não consegue mais evoluir, transcender, sair do local e resolver a situação em que está. Sua vida fica praticamente paralisada.

Existe uma relação entre os acontecimentos da vida que, se gerar mal-estar, aprisiona a pessoa às situações, quando essas situações não são resolvidas e que cria conflitos com as *Referências* tanto de *Origem* como da *Natureza,* formam o famoso padrão. As experiências repetitivas, quando geram mal-estar afetam o desenvolvimento e a evolução. No padrão existe uma sequência de forças que são despertadas pela pessoa que gera um resultado *Certo*, por estar de acordo com a energia libertada. Portanto, quando se quer mudar o resultado, temos que mudar as forças despertadas, porque se "não mudar o tempero, não muda o sabor". Ou seja, basta perceber o que precisa ser modificado e aprendido para transformar a situação, essa habilidade é um atributo do que chamo de gerar *Consciência.*

Com base nas referências de meu trabalho, um trauma se transforma em um conflito, fica preso no *Inconsciente* e é assumido como um acordo, que passa a ser *Certo*, verdade para o *Inconsciente*, o que vai servir como *Referência de Processo* para a pessoa. Quando é criada a *Referência de Processo* em alguma experiência que causou conflito, esse se transformará em um padrão repetitivo que se intensifica na pessoa e esse causará desiquilíbrio no organismo, afetando a estrutura e o fluir da energia no corpo. A energia vital deixa de se movimentar como deveria e pode criar um conflito em alguma parte do organismo, e essa cessão/interrupção resultará em alguma doença. De acordo com a *Causa e o Efeito*, a doença estará *Certa*, porque corresponde ao *Processo* que está de acordo com sua *Origem* e diretamente conectada com o seu resultado.

Como se formam as doenças

Quando pensamos em doença, logo surge a sensação de algo estar *Errado*. Contudo, baseado no *Tudo Certo*, a doença faz parte da *Referência de Processo*, das memórias das experiências vividas que, de alguma forma, afetaram o equilíbrio e a ordem. Assim, a doença é algo do passado que ficou mal resolvido, uma coisa envelhecida, obsoleta, que está morta e enterrada dentro da pessoa. É um *Processo* a ser liberto, para que a vida possa fluir novamente. Algo que é necessário perdoar para poder ser liberado. Muitas vezes não é necessário compreender qual é o significado, por ser, geralmente, o querer entender, parte de um bloqueio que contribui para a própria doença. Quando não sabemos o motivo por trás do que é vivido, temos apenas que compreender que há um sentido, uma razão e um propósit o, sem que haja a necessidade de entender ou de tentar achar um culpado. O *Padrão* representa sempre uma repetição e vai sempre mostrar o último estágio antes da dor, o último estágio antes que se caia na *Catarse* para não ser preciso aprender pela dor, como caminho para se atingir a *Consciência*.

Existe uma tendência, muitas vezes *Inconsciente* no ser humano, de não querer perceber e aceitar a doença como parte de seu *Processo*, principalmente pelo medo de se sentir culpado. Mas aqui convém ressaltar que falar que uma doença vem da causa provocada pelo seu emissor ou autor não significa culpa, porque ninguém em sã *Consciência* gostaria de ficar doente.

Estou apenas ressaltando que, pelo comportamento/atitude, aquilo que se desperta e aciona a partir do emissor vai gerar um resultado. E o emissor desse resultado será o responsável, porque se algo faz parte da vida da pessoa, ela não será destituída do *Processo*. Portanto, a doença possui um registro, mas está *Tudo Certo*, pois é a oportunidade de compreendermos o que é preciso modificar, deixar de ser, para que, assim, haja um desligamento da causa e o efeito seja aliviado.

O *Padrão* que gerou a doença é algo do passado que está morto e enterrado na própria pessoa, é algo que ela precisa aprender a deixar fluir novamente; talvez precise apenas desapegar e aceitar. O *Padrão* é o limite para se aprender: ou pela queda, na *Catarse*, ou de maneira mais leve, na *Pré-consciência*.

O que torna as experiências repetitivas é o *Padrão*, e isso significa que algo está em desequilíbrio, porque na vida nada é para ser repetitivo. Cada experiência possui um conhecimento e depois que ele é adquirido, não é necessário vivê-la novamente. Caso estejamos vivendo a mesma situação, vivendo sempre a mesma coisa, existe algo que precisa ser desbloqueado para ficarmos livres da roda de repetições para acessar outros níveis mais elevados de conhecimento.

A CONSCIÊNCIA

PARTE III

32

PRÉ-CONSCIÊNCIA

Como já comentado no capítulo *Inconsciência*, nascemos *Inconscientes* da *Consciência* plena que nos permite ter noção do que somos, fazemos e promovemos. Embora providos de inteligência, que considero uma espécie de ferramenta mental, por meio da qual é possível abrir o caminho para o despertar da *Consciência*, que é o acúmulo de conhecimentos e as identificações que cada um possui e determinam qual a direção a pessoa deverá escolher e percorrer. Quando os valores correspondem ao caminho que leva à *Consciência*, abre-se o *Processo* que permite essa transição da *Inconsciência* por meio da *Pré-consciência*.

Essa segunda fase de desenvolvimento do ser humano lhe dá a liberdade de poder selecionar, eliminar, mudar e transformar toda a informação acumulada durante sua vida. No entanto, para que isso aconteça, é preciso realizar o que gosto de chamar de ensaio filosófico, que consiste na prática de questionar sem criar conflito sobre o que se está vivendo ou experimentando. Por meio do questionamento da própria vida tentamos entender os resultados obtidos e o que envolve a situação, seu sentido e significado. E é a partir dessa percepção que se desenvolve a interpretação e aquisição de conhecimento, selecionando e organizando as informações obtidas pelos sentidos por meio da própria vivência.

A *Pré-consciência* é perceber a existência daquilo que antes não tinha seu efeito notado. O resultado que a *Ação* causava foi gerado inconscientemente. É quando o oculto se torna visível, o encontro do caminho que conduz para a *Consciência*. Ou seja, é quando o entendimento encontra seu percurso. Ela é a clareza que desvenda e a forma que revela existir um significado favorável, um aprendizado, na proposta do que se vive ou viveu.

É nesse estágio que o *Processo* da pessoa faz sentido para ela, ou seja, ela encontra sua compreensão das situações, dos contextos e de todos os ângulos pelos quais se pode observar, entrando em repleta harmonia. Nasce, assim, na *Pré-consciência* a aceitação para que a compressão eleve a pessoa para a luz da *Consciência*.

A *Pré-consciência* é aquilo que vulgarmente se chama de caminho que leva à luz no fim do túnel. Só quando se chega à *Consciência* podemos perceber a imensidão infinita da vida, que não possui barreiras nem limitações, por já ter transcendido a necessidade de definição. É quando encontramos uma certeza irrefutável sobre a *Existência*.

Quando estamos receptivos às mudanças e flexíveis sobre abandonar as crenças limitantes, ficamos suscetíveis à renovação. Como a própria palavra diz, tirar o velho que já não serve e não presta, porque não traz nada de novo – ainda que tenha sido o *Certo* até então – para entrar no novo estágio do aprendizado que virá. Essa abertura possibilita a reflexão sobre as ações e os resultados, avaliando quais os objetivos definidos que ainda são úteis. Nesse instante, o indivíduo, cujos valores são os de evoluir na direção do *Bem*, respeitando a ordem e o equilíbrio, atinge o estágio que conduz a chamada

Pré-consciência. Essa, por sua vez, pertence ao caminho da amorosidade que compreende a leveza e a aceitação.

Existe sempre uma escolha, porque ao optar por servir ao *Bem*, não se serve ao *Mal*. Quando a escolha é feita para servir ao *Mal*, acionamos o *Processo* de morte ou regeneração, pois a extinção do *Bem* faz parte do *Mal*. Portanto, nesse instante ou recuperamos os valores imperecíveis da verdade que servem ao *Bem*, por meio da *Pré-consciência,* ou sucumbimos pela *Catarse* – ou seja, aprendemos pelo amor ou pela dor. Essa é sua escolha. E cada uma está *Certa* de acordo com sua preferência.

33

CONSCIÊNCIA

O Bem *é imutável porque quando uma pessoa pratica o* Mal *já deixou de ser do* Bem. *Quando sou,* EU SOU *e quando deixo de ser não sou mais. Quando ainda não sou, não sou. Quando quero ser não sou. Quando sou, não quero ser, porque se quero ser, não sou. Isso é ser, de fato.*

Quando eu quero ser feliz, isso significa que eu não estou feliz, porque quando eu estou feliz eu não quero, já que não tem sentido eu querer o que já tenho. Então, quando quero, eu não sou, e quando sou, eu não quero. Porque quando sou, eu não preciso, pois quando preciso, é porque necessito para suprir alguma coisa. Porque quando estou bem, eu não preciso.

Se eu quero ser feliz, é porque estou infeliz com o que sou e preciso identificar o que me faz feliz para reverter esse quadro. Então, o que me faz ser feliz? Comida, emprego novo, dinheiro, sorte grande, loteria… As transferências que a pessoa podem tentar são inúmeras. Mas, dessa maneira, ela está apenas tentando buscar algo que é de fora para dentro, e a felicidade não é de fora para dentro, porque não é uma comida! Felicidade é um estado de ser, que independe de coisas que possamos ter ou conquistar. As coisas externas dão apenas sensação de alegria e felicidade temporária, mas não permanente, porque o estado permanente de felicidade depende do ser, e não do ter ou do querer para suprir alguma lacuna.

Ato Consciente é conhecer, entender, compreender, saber tudo o que envolve desde o despertar da *Ação* até seu resultado. Da *Reação* a seu efeito, propósito, sentido e razão. A intenção e definição do que serve, produz e proporciona em toda sua complexidade. Ele confere domínio, poder e liderança sobre o que existe.

A *Consciência* é percebida na perspectiva de analisar a situação e se colocar no lugar do outro para perguntar como gostaria de ser tratado. O conhecimento permite saber como agir, mas respeita o *Processo* da pessoa, sensibiliza-se e tem compaixão.

À medida que se transita da *Inconsciência*, passamos para a segunda fase do desenvolvimento, que é aprender pela *Pré-consciência*, que vem a ser o modo mais leve e amoroso de se chegar à *Consciência*. Isso acontece quando o ser humano se torna capaz de selecionar, eliminar, mudar e transformar toda a informação acumulada durante sua vida, mas para que isso aconteça ele precisa realizar, como gosto de chamar, seu ensaio filosófico. É por meio dele que vai questionar o porquê de viver certas experiências ou a própria vida; avaliar os seus resultados, iniciando o seu *Processo* de entendimento do sentido e do significado das coisas. Ele desenvolve, a partir dessa percepção, a capacidade de interpretação para poder selecionar e organizar as informações obtidas.

Esse estado, de se sentir desperto e ciente da interação, desencadeia o poder de liderar os acontecimentos, em vez de ser dominado por eles, o que ocorre frequentemente quando a pessoa está *Inconsciente*, ficando vulnerável e constantemente influenciada pelo meio. Ela perde a hipótese de desenvolver o poder pertencente à *Consciência*.

O indivíduo ao longo da vida vai transitando constantemente da *Inconsciência* para a *Consciência*, mas, para que isso ocorra, vai precisar aprender a questionar, para começar o seu *Processo* contínuo de desenvolvimento pessoal. É necessário observar muito bem a situação, para não criar conflito ao condenar alguém por um suposto erro ou a si próprio pelo resultado obtido. O que não existe, porque todo o resultado está *Certo*, embora não seja o que, talvez, se deseja. Resta saber analisar para não direcionar o entendimento para o sentido inverso do que se pretende. Ao criticar ou julgar o resultado real como *Errado*, achando que com essa atitude está no caminho *Certo*, a pessoa rejeita a verdade do outro que deu seu melhor, embora não seja o que se esperava. É como saber agir, por mais que possa ser diferente de como a pessoa agiria.

O resultado que cada pessoa gerou é como ela sabia e não poderia ser diferente. Essa flexibilidade e essa compreensão são atributos necessários para se atingir a *Consciência*, se não, corre-se o risco de atingir o sentido contrário, ao não aceitar a realidade pelo resultado obtido, contribuindo para que a *Catarse* entre em ação. Essa trajetória longa de desenvolvimento e autoconhecimento permite ampliar o sentido e o significado para a existência.

Os desequilíbrios emocionais podem interferir gravemente na razão intelectual. Digamos que existem a razão intelectual, a razão emocional e a razão *Inconsciente*. Tenho percebido que as que mais causam sofrimento são as razões emocionais e *Inconscientes*. A emocional imagina algo e acredita ser verdade e depois se perde entre a realidade e a fantasia. A razão *Inconsciente* acredita realmente que a razão emocional e ilusória é verdadeira. Quando o último caso acontece, não há razão que resista e o caos toma conta.

Quando precisamos ter razão, já a perdemos, e quem discute razão, já não a tem para discutir.

A visão na perspectiva de análise mental do ego se forma por meio das suas crenças e de seus valores. A pessoa tem dificuldade de perceber e aceitar a perspectiva do outro, porque cada um terá sua *Referência de Processo*.

Insano é aquele que discute sua razão, porque já está preso no que considera *Certo* e já instituiu que o outro é *Errado*. Vai se defender e não terá ouvidos, porque necessita que seus valores prevaleçam para se autoafirmar. A sustentabilidade de uma pessoa se firma a partir do que acredita que lhe transmite segurança. Consequentemente, a defesa desses valores ocorre por medo de ficar insegura naquilo que acredita que lhe dará uma base de referência.

É importante que saibamos que estamos em constante transformação, que vamos abandonar alguns *Certos* e criar novos *Certos*, e nunca vamos encontrar um *Certo* absoluto que contenha todas as respostas que queremos. Na vida, ao resolvermos algo, ela transmite o conhecimento que serve de base para um novo *Processo* – e assim consequentemente. Tolo é aquele que se prende no seu conhecimento e se torna inflexível à transformação. A suposta *Zona de Conforto* nada mais é do que o atrofiar do próprio *Processo* de aprendizado, por interferir na transição, na evolução de uma realidade para outra.

A *Consciência* é a luz da certeza, de saber o sentido, razão e o propósito de tudo que compreende a situação e a envolve. Na compreensão existe o entendimento, a mais elevada ciência das diferentes partes que compõem o todo, o existir no *Ato* e na *Consequência* com a certeza de que isso corresponde ao que foi despertado, manifestado, liberado e a sua referência de *Causa e Efeito* justa e *Certa* que a compõe. Esse é o estágio onde ocorre o pleno conhecimento, a paz de quem atingiu o domínio pelo conhecimento e a liderança do que antes era liderado pela *Inconsciência*. Na *Consciência* temos a absoluta certeza de estar *Tudo Certo* por seguir uma ordem, um princípio que serve e tem o seu valor. Tudo passa a ser percebido, vivemos a paz de quem está de bem e vibrando no *Bem*. A *Consciência* pertence ao *Bem*, por isso só quando estamos *Conscientes* é que atingimos o propósito da vida, quando a compaixão é despertada pela compreensão de estar *Tudo Certo*, a empatia encontra a sua sede e o silêncio acontece.

A *Consciência* é o objetivo da *Referência de Origem*. Aqui a criança amadurece, torna-se adulta e deixa de ser traída pelas influências da *Referência do Processo*, onde residem os *Processos* das experiências mal resolvidas ocasionadas pelas poluições de ideias limitantes com as suas inúmeras restrições. Nesse lugar, não há a ardilosa sociedade discriminativa que trai a si mesma ao criar armadilhas por valorizar uma dualidade em conflito, um antagonismo que agoniza e estrangula a própria vida. Não existe o antagonismo em termos de energia e de acordo com a existência de cada coisa, o definido como oposto não pode ser comparado, porque são situações distintas. Não se opõem, são incomparáveis e quem definiu como oposto foi o ser humano a partir da sua maneira de perceber as coisas. É justamente essa forma separatista que deu origem ao *Julgamento Comparativo*, que privilegia um e desvaloriza outro. Existem ideias em discordância, manifestações distintas. Por exemplo: o ódio é antagônico ao amor, não porque são manifestações com propriedades específicas. Possuem na sua *Origem* intenções próprias com fundamentos diferentes: o ódio separa, o amor une; são incomparáveis e vertentes com funções completamente diversas que geram resultados diferentes.

Infelizmente, os seres humanos foram educados a pensar dessa maneira e a criar o conflito ao considerar esses polos opostos. Acreditam, por exemplo, que uma pessoa má é ruim e será rejeitada por ter sido atribuída a ela essa definição. No momento que se julga uma pessoa má de acordo com a referência de conhecimento que se possui, cria-se limite de aceitação, nesse sentido, quem julgou como *Mau,* já está sendo tão *Mau* quanto o que julga. Porque se desperta o *Mal*, fala *Mal*, é do *Mal* que julga não pertencer.

Quando se discrimina, iguala-se ao que foi discriminado, porque cria-se um *Processo* antagônico em conflito e não distinto. O ato de considerar algo mau discrimina e rejeita uma característica de quem é do *Mal,* porque separa, não integra. Portanto, quem julga o *Mal*, na verdade, não tem *Bem* algum para defender.

A escolha no *Tudo Certo* é para definir a intenção do que se deseja, quer sirva ao equilíbrio ou ao desequilíbrio. Seja qual for a escolha, ela vai corresponder a um resultado e definir um caminho próprio de acordo com a sua manifestação e vai estar *Tudo Certo.* As escolhas podem ser de múltiplas ideias e partem da perspectiva de cada um, livre em seu direito de entender a sua maneira e na medida de seu conhecimento. Existe na *Consciência* o respeito e na compreensão a consideração de estar cada um *Certo* à sua maneira de ser conforme o seu *Processo Tudo Certo.*

Quando alguém atinge a *Consciência,* não existe mais luta, disputa, guerra, competição, porque está entregue ao fluir da vida, está seguro e confiante.

Aquilo que chamamos de Deus é a *Supraconsciência.* A *Pré-consciência* é o encontro do caminho que conduz à *Consciência* e esse abre a direção e conduz para se chegar de volta à casa, a Deus, onde reside imutável a *Consciência* do *Tudo Certo.*

34

ATO E CONSEQUÊNCIA

Todo ato gera consequência e toda Ação causa um efeito e uma Reação que estão sempre Certos de acordo com sua natureza.

Todas as escolhas partem, necessariamente, de uma *Origem*. Essa já possui definida em si mesma identificação, proposta, qualidade e o propósito a que serve e ao que se destina.

A manifestação de qualquer escolha tem querer e pretensão próprios, estabelece uma intenção e um sentido que vão na direção do caminho a ser percorrido até seu destino. Assim, a principal questão para seu entendimento é qual a motivação que gera a *Ação*, para que o impulso seja despertado. As pessoas são movidas por esses impulsos de seu interior, que estabelecem resultados sempre *Certos* por corresponderem a um *Ato* ao potencial que podem vir a obter. Dessa forma, como *Consequência*, essa mesma causa cria uma relação com seu efeito e determina o que estará sujeito a acontecer de acordo com a qualidade da força liberada. Assim, essa causa desencadeada a partir do seu emissor vai chegar a algum lugar, que pode ou não atingir o que se pretendia inicialmente, pois ela está sujeita a interferir e influenciar o seu meio da mesma forma que pode vir a sofrer interferência no decorrer de seu percurso. Em razão disso, o que se considera como destino só é revelado para os envolvidos, tanto para o emissor quanto para o receptor, após uma relação e uma conexão a serem estabelecidas.

No entanto, existe uma intenção na projeção inicial, que já possui uma *Origem*. Por exemplo, quando alguém manifesta agressividade contra outra pessoa, projeta na direção dela uma intenção, uma energia com foco em desestabilizá-la. Isso foi liberado em *Ato* e está sujeito a criar uma *Consequência* correspondente.

Mesmo que o emissor esteja *Inconsciente* de ter sido agressivo, nada vai excluí-lo da situação se ele foi o emissor. Seja como for, será responsável pelo que liberou. Entretanto, o receptor não pode considerar como proposital a *Ação* cometida, quando não tem a certeza de ter havido essa intenção específica. Quando se define dessa maneira, já se parte do princípio de uma verdade que é suposta, mas que não se tem plena certeza. Devemos considerar como suposição.

Nem todo *Ato* atinge seu propósito porque só estabelece a conexão, quando atinge o receptor, que passa a receber o *Efeito* e a *Consequência*. Para o *Tudo Certo*, se foi liberado o *Ato* de raiva, está *Certo* o resultado da mágoa no outro. Se for jogada uma pedra pode ferir alguém e, se isso acontecer, está *Certo* por corresponder ao *Ato* deliberado. Por isso, todo *Ato* gera uma *Consequência* que está *Certa* para o que foi despertado.

O *Ato* pode perder sua *Consequência* quando não atinge seu objetivo, e muitas pessoas tentam ofender umas às outras e nem sempre conseguem isso. Quando alguém diz uma ofensa e a outra pessoa se sente ofendida, temos *Ato e Consequência Certos*. O *Ato* criado, ao atingir o seu receptor, e esse permitindo se sentir ofendido com a ofensa praticada estabeleceram conexão e cumplicidade. Nesse caso, para quem gosta de ofender, está *Certo* encontrar quem permite se sentir ofendido. *Tudo Certo*! Ambos se tornam parceiros de uma mesma manifestação. Isso só acontece quando existe algo no outro que cria essa relação, ou seja, o *Ato* só gera *Consequência* quando o outro permitir se sentir prejudicado. Assim, essa relação estará *Certa* para ambos.

Toda pessoa, quando pensa em agir, nunca faz isso querendo *Errar*, porque todo princípio sempre quer dar *Certo* e é focado em promover o bem-estar, embora devemos considerar existirem pessoas em estados depressivos capazes de promover mal-estar e agir contra a própria vida. Mas, de maneira geral, o impulso segue a vontade de fazer o *Certo* e de querer o *Bem*. Como parte da nossa natureza, esse nasce de uma necessidade de se conseguir algo que consideramos ser bom. Mesmo quando alguém promove uma *Ação* que possa ser considerada má, vindo a prejudicar, tirar vantagem de alguém ou de uma situação, o impulso de origem tem como intenção algo benéfico. Muito embora possa passar desapercebido e ser uma ilusão, ele é proveniente do pensar no *Bem* e do querer dar *Certo*. Entretanto, só depois do resultado é que se pode medir a *Consequência* e o *Efeito* da *Ação* cometida. Nesse instante, dependendo do grau de percepção do autor do *Ato*, esse pode ou não fazer uma reflexão sobre sua conduta e situação, observar o que fez, cair em si e sair da *Inconsciência* para a *Consciência*. Porém, isso só ocorre quando algo o chama para a *Consciência*. Como a *Causa* veio do autor do *Ato*, o efeito será sempre de sua responsabilidade e só será considerado *Errado* por quem sofreu algum dano pelo resultado da *Ação*. O autor passa a ser o réu e o outro a vítima. Embora o autor sempre se sinta como *Certo*, porque em sua percepção está querendo o *Bem*. Quem vai defini-lo como *Mau*, egoísta ou sem noção será o receptor.

Parece haver algo que, nesse momento *Inconsciente*, faz o agente se considerar dono de uma verdade pressuposta como *Certa*. É justamente a *Inconsciência* a influenciadora e limitadora capaz de interferir na percepção sobre *Causa e Efeito*, ou seja, a *Consciência* faz perceber o todo do *Processo* e aprender a saber pensar antes de agir. É dela que nasce a cautela, a precaução e o respeito ao próximo por considerar a existência do próximo antes de promover um *Ato*. Assim, consegue-se calcular e medir o possível dano e age-se com cuidado. Uma pessoa, quando atinge essa compreensão, pode ser considerada um ser especial, porque transcendeu o limite do próprio EU.

35

AS REFERÊNCIAS E O PRINCÍPIO DA DIVISÃO

Ao considerar as memórias das pessoas, devemos levar em conta que fatores são determinantes para o impulso original liberado para que se saiba qual a *Origem*. A *Ação* pode vir de diferentes referências que passam a servir de *Origem* de onde é liberado o impulso. No caso de uma pessoa cuja referência vem de algum trauma do passado, que gerou um acordo firmado em seu *Inconsciente*, seu impulso pode se originar desse bloqueio. Uma situação comum é quando existe necessidade, por exemplo, de autoafirmação, isso pode servir de referência para o comportamento da pessoa sem ela se dar conta disso. Pode, até mesmo, ser considerado parte de sua natureza, de sua personalidade. Porém, apenas se moldou por meio das experiências vividas e se adaptou a isso, mas não obrigatoriamente faz parte da natureza do seu *Ser*.

Na *Essência,* somos puros pela ausência da capacidade de saber julgar de forma comparativa, logo, isso representar nossa referência. Quando há algo mal resolvido no interior da pessoa que tenha algum tipo de acordo atrelado a ele, isso passa a ser considerado importante em relação a sua resolução para que se obtenha novamente a liberdade perdida. Existe uma necessidade, mesmo que *Inconsciente*, que parece nos impulsionar para voltar para a *Referência de Origem*.

Nesse exemplo citado sobre a necessidade de autoafirmação, o conflito era proveniente de *bullying* sofrido quando a pessoa entrou no Ensino Fundamental, por ser um menino julgado e considerado muito baixinho se comparado aos outros meninos de sua idade. Ou seja, ali havia algo julgado *Errado*!

As mudanças repentinas, bem como as experiências que interferem no equilíbrio e na ordem, principalmente na primeira e na segunda infâncias, tendem a marcar muito a vida de uma pessoa como no caso do menino que no seio da sua família se sentia normal e *Certo*, mas ao chegar à escola a realidade era completamente distinta, o que o fazia se sentir *Errado*, travar diante das situações, se retrair, encolher em seu interior, causando um trauma. Nesse instante, ele assumiu ser inferior por meio do trauma provocado pelo *bullying* e o problema agora instaurado desencadeou uma necessidade de solução. Diante dessa situação, ele poderia ter assumido diferentes maneiras de lidar com essa experiência, mas resolveu provar por meio das suas conquistas que não era pequeno, baixinho e inferior.

Encontrou, então, uma maneira: ser um bom aluno! Sua solução era mostrar ser superior para vencer o seu trauma e, assim, se igualar aos outros. Ele usou essa evasiva para conseguir se sentir superior a seus colegas, pois precisava ultrapassar e ganhar constantemente de todos, que nesse caso eram vistos como seus oponentes, o que reverteria a situação, pois os colegas passariam a ser inferiores a ele. Assim, ele se tornava discriminativo, vingativo e queria fazer *bullying* com os outros, replicando o mesmo *Processo* do qual tinha sido vítima, incorporando em sua personalidade esse comportamento agressivo e, de forma *Inconsciente*, isso o fazia falsamente se sentir bem.

Quando uma pessoa usa como referência para sua vida algo que está em desequilíbrio, mesmo que *Inconsciente*, ela fica sujeita a ficar presa nesse *Processo*, o que interfere diretamente em sua evolução. Embora pareça que está progredindo, ela está presa ao que considera que a está preenchendo, suprindo-a e resolvendo o seu vazio existencial. Assim, passa a acreditar que suas conquistas darão segurança e servirão para se autoafirmar diante da vida e dos outros. Nesse caso, eu advirto: ora, se eu já existo, para que preciso me autoafirmar?

No caso do menino baixinho, por exemplo, ele tenta provar que é tão alto quanto os outros. Dessa forma, percebemos que está presente em suas intenções apenas o desejo de resolver a perda de valorização sofrida no passado, ao questionar seu próprio valor em decorrência do trauma vivido. No momento do trauma nasceu a necessidade de provar seu valor como pessoa por meio de suas conquistas. Assim, de acordo com o *Tudo Certo*, o resultado está *Certo* para seu *Processo*, que compreende a situação que ele mesmo criou, ou seja: *Ato e Consequência*.

36

EVOLUÇÃO E ADAPTAÇÃO

Evolução, como já foi dito, tem relação direta com a *Referência de Origem*, porque é a partir do que está equilibrado e resolvido, do conhecimento adquirido que acontece a expansão e, consequentemente, a *Evolução*. Já a *Adaptação* tem relação com a *Referência de Processo*, porque faz com que a pessoa se adapte às situações da vida, procure se encaixar e molde-se para se sentir inserida e integrada. Nesse sentido, pode-se reprimir, subtender, excluir, bloquear, fazer de conta, interpretar, caracterizar, entre outros aspectos que parecem ser *Evolução*, mas, na realidade, são *Adaptação* ao meio.

Essas duas referências têm propostas bem definidas e diferentes, portanto, incomparáveis!

As pessoas se adaptam às situações e a seus traumas e muitas vezes se adequam a eles de tal modo que o conflito passa a valer como normal! Essa *Adaptação*, na tentativa de estar bem com o seu meio como forma de sobreviver no caos, faz com que elas estabeleçam relações terríveis entre outras situações possíveis que passam a vigorar como *Certo* por estarem diretamente relacionadas com a *Referência de Processo*.

Essa *Adaptação* obstrui o *Processo* de desenvolvimento e expansão. Como consequência, cria um conflito com a

Referência de Origem, e são geradas experiências repetitivas que culminam na formação de padrões. Esses, pela própria repetição de algo diretamente em conflito com a ordem e com a estrutura do ser em seu interior, transformam-se em bloqueios no fluxo da energia vital, que contribuem para o que popularmente se chama de doença.

Considero a doença um *Padrão* que vem de um conflito originado em um trauma. E isso cria uma nova relação com a *Referência de Processo*. Como está em desacordo e tem sentido diferente do da *Origem*, torna-se algo a ser resolvido caso se queira retornar ao *Processo* de *Evolução*, ou seja, não existe *Evolução* enquanto houver *Referências de Processo* de situações mal resolvidas. A pessoa pode até evoluir, por exemplo, financeiramente, mas pode, emocionalmente, estar adaptada a algo que a aprisiona, impossibilitando sua evolução a nível relacional. Presa a um *Processo* mal resolvido, surge a estagnação que interfere no movimento e que, consequentemente, contribui para a diminuição da energia vital da pessoa. Então, posso dizer que uma doença, no que diz respeito ao *Processo* psicossomático, significa: um passado mal resolvido + um acordo firmado com a *Referência de Processo*, que muitas vezes passa a vigorar e é considerado pela pessoa como natural e não de sua *Referência de Origem*.

A *Adaptação* é como uma dádiva da natureza para que o indivíduo possa se sentir bem frente a uma situação que – se avaliarmos mais profundamente – não se adequa aos princípios da harmonia e do bem-estar. Temos, assim, pessoas envolvidas em relacionamentos, estabelecendo relações de trocas e conexões com situações e pessoas que as causam mal, mas elas aprendem a se adaptar a isso. Esse conformismo, assim como as *Referências do Processo de Adaptação*, muitas vezes, se forma pela necessidade de resolução e de inclusão social, que está na base da referência atual em nossa sociedade, firmada em conflito e não em amor.

Por interferir diretamente na *Referência de Origem*, mesmo que possa trazer prejuízo ou mal-estar, toda e qualquer escolha definirá um destino que está *Certo* por corresponder a sua *Origem* em *Ato e Consequência.*

A *Adaptação* possui um sentido diferente de *Evolução*, podendo ser atribuídas definições em desacordo com a proposta de cada uma delas. Houve uma adequação ao trauma e uma aparente solução do problema, mas isso, na verdade, levou à formação de uma rede de ações que mantém a pessoa aprisionada. Embora ela julgue estar livre e evoluindo, está apenas adaptada à situação.

Ao resolver uma situação, trauma ou ao se romper com o acordo firmado durante um *Processo*, a pessoa apenas retorna para o ponto exato de onde parou e deixou de evoluir. A retomada da *Evolução* só acontece quando a pessoa expande a partir da sua *Essência* livre (*Referência de Origem*) e não de um trauma ou situação mal resolvida (*Referência de Processo*). Portanto, a referência tem que vir de algo que esteja em equilíbrio e não de algo que afetou a ordem.

Por isso, quanto maior for a percepção sobre esse *Processo* que rege a todos nós, consciente ou inconscientemente, maior será o domínio sobre a vida, porque é a *Consciência* que nos proporciona poder, autoridade, comando e liderança na condução e direcionamento de nós mesmos.

Os parâmetros de avaliação das pessoas possuem um limite e o único obstáculo é a ausência de conhecimento.

Alteramos nossa verdade a cada novo conhecimento adquirido, por isso estamos em constante transformação.

Quando há carência de informação frente ao desconhecido, ou quando surge o confronto com realidades adversas, ficamos frágeis. Precisamos, então, estar atentos ao quanto esse impedimento nos afasta e impossibilita de evoluirmos para outras verdades, expandindo os nossos horizontes do saber.

A capacidade de inteligência depende de vários fatores, desde genéticos até comportamentais. Digamos que todos nós temos inteligência, mas a capacidade de sincronizar as informações, interligar, conectar e perceber o resultado depende do grau de desenvolvimento de cada um. Temos muito mais inteligência do que qualquer outro animal da natureza e como somos munidos da capacidade de adquirir conhecimento por meio da percepção, desenvolvemos a *Consciência*, que nos permite trazer para a luz algo que antes estava obscuro, *Inconsciente.*

Cada pessoa está em sua verdade, que está *Certa* para ela por corresponder diretamente ao seu desenvolvimento e conhecimento. Portanto, ninguém é possuidor de uma verdade absoluta, principalmente quando essa é proveniente de uma pessoa ou de um grupo, porque estará sempre limitada ao conhecimento, às percepções e à capacidade interpretativa da pessoa sobre os acontecimentos. Existe a minha verdade, a sua verdade e a verdade compartilhada com os outros, compondo múltiplas verdades, que estão *Certas* e de acordo com os princípios e referências de cada indivíduo.

Como cada pessoa está no centro do seu universo, e a partir dela tudo se origina, essa referência passa a ser seu princípio e sua realidade. Ao avaliar a partir desse centro, criamos, segundo a perspectiva e a dimensão de atuação em relação às coisas, nossas próprias referências. Essas estabelecem uma relação por estarem sonantes e na mesma dimensão, corresponderem à mesma realidade, estarem sintonizadas na mesma frequência, pertencerem ao mesmo *Processo* por terem verdades similares em aspeto e por afinidades, identificação e empatia com outras pessoas.

Quando essa relação acontece, nos conectamos com algo em nós similar aos outros e isso significa que somos iguais nesse aspecto àquela pessoa, mas seremos sempre diferentes na nossa verdade. Nesse instante, sentimos que a nossa verdade parece ser mais verdadeira por ser similar à das outras pessoas. Então, o *Certo* individual passa a estabelecer conexões com outros *Certos* no coletivo.

Na perspectiva do *Tudo Certo*, no que se refere à *Ação*, a referência que vem antes da causa já possui intenção e seu efeito predefinido. No entanto, isso pode não corresponder à perspectiva pessoal ideal e há o risco de não servir e até mesmo divergir do que supostamente se deseja!

Vou usar outro caso para ilustrar esse tipo de situação. Imagine uma pessoa que diz para si mesma: "Eu não quero ter uma relação igual à vivida pelos meus pais". Os pais sempre terão envolvimento emocional com essa pessoa e como ela cresceu presenciando as brigas e as discussões deles, acaba tendo esse modelo de relacionamento como referência. Assim, pelo conflito, decide agir conforme as referências que possui de não querer viver ou passar pela mesma situação dos pais. A memória da experiência e o abalo emocional sofrido acabam por servir de conhecimento e de referência, que vão limitá-la e condicioná-la. Como a experiência foi traumática e gerou mal-estar, ela vai assumir um acordo *Inconsciente* de proteção e vai criar conexões que a aprisionam nas cenas presenciadas. Assim, quando alguém se aproxima com comportamentos ou atitudes similares e também com envolvimento emocional, desperta essa memória e o cenário se estabelece. O alerta de cuidado com o que afirmou que não quer viver é acionado e ao menor sinal de divergência já define a pessoa como *Errada*. A partir desse desentendimento, replica o *Processo* de seus pais na relação, entra em atitude de defesa e assume um dos papéis dos pais na relação com a outra pessoa. Ou seja, passa a viver, nem que seja por breves instantes, o que mais temia! Essa situação gera um resultado que está *Certo* para o conflito, que é a referência que ela possui, replicando o *Processo*.

Por isso, nesse caso e em tantos outros, o resultado sempre está *Certo*. Contudo, esse pode não ser o resultado desejado. A partir disso, é preciso encontrar outra referência! Não se pode ter como referência o que não corresponde ao objetivo pretendido, principalmente se, nesse caso, é ser feliz em um relacionamento. Lembrando que a memória e o conhecimento eram de conflito e não de felicidade em uma relação, pelo simples fato de esse conhecimento estar ausente. Portanto, o conhecimento é o que dita o resultado das experiências, e esse resultado está sempre *Certo* por corresponder ao conhecimento que se tem. A interpretação a partir do desequilíbrio não pode ser usada como no exemplo dos pais dessa pessoa, que sabiam muito bem serem infelizes um com o outro. Esse era o *Certo* deles: competir um com o outro e viver em guerra.

Quem vive em conflito não tem como objetivo estar em paz, pois quer, sim, ter uma relação tormentosa e não amorosa.

Quando esse tipo de referência é criado, permanece atrelado a um acordo no *Inconsciente*, que fará a pessoa viver essa referência. Por isso, embora pareça *Errada*, ela está *Certa* por corresponder ao que foi estabelecido. Por exemplo: uma pessoa não quer alguém autoritário e que não a valorize como o seu pai fazia com sua mãe. De forma natural, atrai e até se casa com um homem que vai parecer ser ótimo e depois vai se revelar ser igual ao pai! E isso está *Certo* porque ao dizer "não quero", na realidade, está dizendo "quero".

Você deve estar se perguntando "Como assim?" Vou explicar: uma experiência quando marca ou traumatiza a vida de uma pessoa gera automaticamente um registro no

Inconsciente que serve de *Referência*. Nesse caso, torna-se o que o *Inconsciente* quer. Entretanto, a pessoa percebe o mal-estar provocado e diz não querer viver isso, mas esse querer não possui *Referência*, é uma ideia e nesse caso vence o que tiver mais informações. Ou seja, a *Referência* do *Inconsciente*. Portanto, ao dizer que não quer, a pessoa libera o sentimento similar ao que havia despertado durante a experiência do mal-estar vivido, aciona a *Lei da Atração* e reverbera a mesma energia, o mesmo sentimento que vai atrair o que ela liberou, que, nesse caso, será a mesma energia por sonância daquilo que não quer. Ela atrai o que é, não o que deseja.

Existe uma lógica nesse tipo de acontecimento, que vai gerar um resultado que estará *Certo* para esse princípio. Essa é mais uma explicação de que está *Tudo Certo*, porque corresponde à *Referência* da pessoa.

Por esse motivo, dediquei muito de meu trabalho e minha metodologia a encontrar e tratar desses acordos para conseguir, de fato, libertar as pessoas dessas amarras que estão *Certas* para elas por corresponderem à verdade ditada pelo seu próprio *Inconsciente*. Para ele está *Tudo Certo* e também vai estar *Certo* para a pessoa até que haja uma transformação desse acordo.

Outra situação relevante como exemplo de replicação: uma vez uma pessoa me disse não suportar o atual namorado, porque ele era uma pessoa machista e também folgado, pois não respeitava a casa dela como ela fazia quando visitava a casa dele. Ele tinha o hábito de deixar as coisas todas espalhadas e agia na casa dela como se fosse a dele. Ela se sentia incomodada e invadida na maior parte do tempo.

Entretanto, em nenhum momento percebeu que estava replicando algo de suas memórias e que tinha feito uma projeção de seus medos em algum possível acordo firmado, que contribuía para que a relação que ela estava vivendo estivesse *Certa*! Ao fazê-la refletir sobre esses acontecimentos, questionei o seguinte aspecto: "Quem em sua vida era a pessoa que invadia o seu espaço, mexia nas suas coisas sem a sua permissão?" Ela parou e pensou por um breve instante e disse: "Minha mãe". Eu disse apenas: "Dá para perceber que você em algum momento deve ter dito para si mesma que não queria ser igual e que não queria ter que aturar alguém parecido com ela? Você consegue perceber estar agindo exatamente igual a sua mãe?".

Ou seja, minha cliente não aceitava ninguém igual a ela e não percebia justamente ter ficado igual. Estava replicando o comportamento e se tornou dominadora naquele instante de sua vida. Além de só conseguir dar supostamente *Certo* com alguém quando esse fosse submisso, porque ela mesma teve de se submeter à mãe.

Assim, eu a questionei: "Foi por isso que você se tornou uma pessoa irreverente? Que só aceita tudo do seu jeito? Consegue perceber agora que o seu ex-marido era totalmente dependente de você, igual o seu pai na relação com a sua mãe? Quando você disse 'não quero um homem igual ao meu pai', na realidade estava dizendo 'eu quero', porque é a *Referência* que você tem. Pois ao se tornar igual a sua mãe, por sonância vai atrair um homem igual ao seu pai. Ou seja, essa situação com seu atual namorado está *Certa* para o que você é, porque está de acordo com o que está projetando para sua vida, e não poderia ser diferente. Resta saber agora, se você está disposta a ser flexível e mudar para gerar outro *Certo*".

Voltando ao caso do menino que era considerado baixinho pelos seus colegas: a necessidade da conquista para se sentir superior passou a servir de estímulo para ele e esse era o seu *Certo*. Assim, a cada conquista ele se sentia grande, mas a seguir a sensação não permanecia, porque era algo que vinha de fora para dentro, ou seja, era o ter para ser e não o ser para ter.

Isso, consequentemente, também estava *Certo* para ele. Nesse caso em especial, ele sempre costumava sentir inquietude e insatisfação depois de suas conquistas, por elas não terem sido algo firmado em seu interior a partir da sua *Referência de Origem*, mas sim a partir de uma referência exterior.

Um acordo firmado no *Inconsciente*, ao ficar registrado, se torna um padrão e, automaticamente, uma experiência repetitiva. Por esse mesmo motivo cria inquietude e até mesmo uma sensação de insatisfação, porque sempre precisa de uma nova conquista, fazendo a pessoa ficar compulsiva, viciada na sensação da conquista como forma de, *Inconscientemente*, resolver sua necessidade de autoafirmação e valorização pessoal. Ou seja, as conquistas proporcionavam para ele satisfação e sensação de superioridade, para resolver a inferioridade, precisava disso para se sentir grande. Porém, na realidade, esse *Mecanismo Compensatório* é uma *Autossabotagem* e, sendo assim, nunca gerará plenitude permanente. E *Tudo Certo* para essa pessoa, por corresponder ao que escolheu e, como consequência, estar de acordo com seu *Processo*.

Nesse caso, o cliente estava preso em sua *Referência de Processo*. O que ele precisava entender, nesse caso, é que essa sua inquietude tinha base nessa competição desenfreada de gerar resultado para se autoaprovar. O que não percebia é que esse seu comportamento estava de acordo com suas referências vindas de um conflito gerado a partir de um trauma mal resolvido do passado. Portanto, o trauma nunca *é* proveniente da sua *Origem*, de sua *Essência*, porque na *Essência* somos todos puros, perfeitos, amorosos, espontâneos e livres.

Nesse tipo de situação, quando a pessoa não tem mais a referência do trauma, esse já não terá nenhuma relação com a pessoa e não vai mais servir como *Padrão de Referência*! A partir disso, é fácil notar que as pessoas estão onde têm que estar em conformidade com suas escolhas, e essas estão sempre *Certas*.

Se a realidade fosse outra, nesse mesmo caso citado, a pessoa enxergaria uma oportunidade de expansão a partir do que ela conquistava e não iria sentir como um desafio para provar o tempo todo o seu valor como maneira de resolver o trauma de ter se sentido pequeno. Assim deixaria de precisar da conquista para mostrar que é grande e poderoso.

É esse tipo de acordo que faz alguém perder sua liberdade e a faz ficar presa por ter escolhido esse caminho. Ou seja, traçou para si mesmo essa trajetória quando escolheu que iria provar seu valor a partir de suas conquistas. Se essa pessoa não tivesse assumido esse acordo e entrado nessa competição, que incluía cobrança e ansiedade, a sua realidade poderia ser completamente diferente: ele poderia estar em paz ou em plenitude.

Seja qual for a escolha feita, o *Processo* se estabelece e esse estará *Certo* para a pessoa por corresponder à escolha que ela fez. Enquanto houver simultaneamente escolhas pela vida e pela morte habitando o interior do ser humano, ele não atinge o amor. Até chegar ao despertar de *Consciência,* muitos *Certos* vão compor o caminho, servirão por algum tempo, e não haverá *Errado* por estar *Tudo Certo*!

Toda pessoa é livre para ser quem quiser e livre para fazer suas escolhas. Convém lembrar não caber a ninguém impor o que julga ser *Certo*. E na sua liberdade você deve respeitar a ordem, a vida, o equilíbrio dos outros, da sociedade e do meio ambiente. Qualquer interferência sem autorização e permissão é desrespeito à ordem e ao equilíbrio, correspondendo a um ato de violação da liberdade.

37

SOMOS PERFEITOS E CERTOS

Eu sou puro e perfeito. E o que quero é me aperfeiçoar, aprimorar e conhecer para me desenvolver e evoluir.

Ao nos considerarmos perfeitos, vamos nos aperfeiçoando em uma nova experiência e nos aprimorando a partir dos resultados obtidos. Para isso, as experiências servem para se adquirir conhecimento, desenvolver nossas habilidades e evoluir para um novo estado de *Consciência*. Quando nos sentimos imperfeitos, nos preocupamos em fazer bem-feito para resolver o sentimento gerado. Essa tendência pode levar a pessoa a competir com ela mesma constantemente, ao querer se colocar à prova em cada nova experiência, tornando-a um desafio para si mesma. As experiências não surgem para desafiar ninguém! A interpretação de encará-las como um desafio é uma escolha feita a partir da necessidade de reconhecimento que a pessoa carrega em si mesma.

A tendência do ser humano de se considerar imperfeito faz parte do *Inconsciente* coletivo devido às influências sofridas e às crenças assumidas como verdade. No momento em que a pessoa se considera imperfeita significa que existe nela algum defeito. Ao se definir com defeito, isso significa que precisa de reparação ou conserto. Dessa forma, a pessoa vai procurar o que ela pode ter de *Errado*, suas possíveis falhas e assim criar um conflito com ela mesma! Nessa situação, ela define que está ruim, ou seja, nesse momento aciona o *Julgamento Comparativo*. E desse ponto em diante vai querer melhorar; portanto, a dualidade se instala.

Sempre vamos encontrar alguma coisa que poderia ser melhorada. Mesmo porque teremos outras pessoas ou situações que vamos considerar melhores do que aquilo que somos quando estamos nessa dualidade e vamos gerar resultados que estão *Certos* de acordo com a leitura do momento.

Quando aprendemos que somos imperfeitos, consequentemente já estamos condenando como *Errado* o próprio conhecimento, desmerecendo aquilo que somos. E é exatamente isso que faz a pessoa se sentir imperfeita: ela encontrou o que estava procurando para poder se sentir mal com o que ela é. Feito isso, ao procurar melhorar, já definiu que algo está pior. Automaticamente idealiza algo que pode servir para resolver. Essa idealização é considerada a perfeição a ser atingida a partir da rejeição daquilo que verdadeiramente se é.

Quando queremos ser perfeitos, não admitimos o erro. Temos que ser impecáveis, sem pecados, imaculados. Entretanto, o perfeito é muito subjetivo e está limitado ao que é considerado perfeito. Não se admite falha alguma, erro algum. Quando o inesperado ocorre, como forma estúpida de se sentir melhor, alguém dirá: "Errar é humano". Você já deve ter dito ou ouvido essa expressão, o que admite, então, que a condição humana é passível de erros. Querer ser perfeito para ter algo com o objetivo de ter reconhecimento e valorização faz com que a pessoa seja perfeccionista.

Como já mencionei, o *Erro* não existe, porque todo resultado está *Certo,* mesmo que não esteja de acordo com o que foi previamente planejado. Ao nos considerarmos perfeitos, aliviamos uma carga enorme, um tempo perdido para tentar chegar a um objetivo que nunca vai ser alcançado, porque quando chegarmos perto do que considerarmos perfeito já teremos um outro perfeito para competir e comparar, começando tudo novamente.

A competição faz parte da *Referência de Natureza* e não da *Referência de Origem*, por isso quando uma pessoa entra em competição contra outra e até contra si mesma, aciona seu lado primitivo, cuja tendência é a de lutar para defender seu território ou sua verdade. A formação desse comportamento e do sentimento de disputa está no desejo de provar o próprio valor por meio da obtenção de resultados.

A pessoa tende a se colocar como se estivesse lutando dentro de um ringue, e esse comportamento agressivo está muito presente em vários segmentos da nossa sociedade, principalmente nas organizações, devido a disputas por cargos e posições, que, em outras palavras, significa conquistar espaço e defendê-lo a qualquer custo. Essa mesma postura pode desencadear outros comportamentos como passar por cima dos outros, mentir, agir com falsidade ou maldade e tantas outras manifestações altamente prejudiciais para a própria pessoa e para o seu meio. Isso contribui para inúmeros conflitos, muitas vezes considerados normais, para quem ainda mantém sua natureza primitiva da relação com sua realidade.

Para quem gosta da competição, em contextos em que sempre há um ganhador e um perdedor, essa maneira de agir estará *Certa*. Porém, para quem não considera a vida um jogo, no sentido de dualidades, não teremos ganhadores e perdedores, seremos sempre vencedores.

Todo ser humano possui no seu *Inconsciente* uma necessidade de ser aprovado e um medo de ser reprovado. Esse padrão de valor quando sou o que os outros querem e de desvalorização quando ousa ser diferente é um dos grandes causadores de bloqueio do desenvolvimento da *Consciência* amorosa.

Quando nos consideramos perfeitos, queremos apenas aperfeiçoar, não existirá dualidade! Quando consideramos que agimos com primor, de acordo com o nosso conhecimento que está *Certo*, nos permitimos aprimorar à medida do conhecimento. No entanto, quando nos consideramos imperfeitos, ao encontrarmos uma pessoa ou algo julgado a partir da comparação de nós mesmos, vamos defini-la como *Melhor*. Nesse exato momento já nos sentiremos *Inferiores*. Ao constatar que não conseguiremos ser o que o outro é, e se o que ele é gerar incômodo, pode-se desenvolver inveja. Por isso, quando uma pessoa se sente assim, aciona o seu mecanismo de defesa. Então, como medida *Inconsciente* de resolução, vai querer diminuir o outro para recuperar a superioridade que ela mesma atribuiu ao outro. Dessa forma, poderá julgá-lo, atribuir nomes diversos e até mesmo criar enredos inexistentes para se sentir falsamente melhor. Ao invejar o outro, queremos sua conquista. Essa é a manifestação mais profunda de falta de confiança e baixa autoestima, porque desvalorizamos tudo aquilo que somos.

Quando digo isso, refiro-me à resolução desse incômodo por meio de expressões do gênero: “Quem aquela pessoa pensa que é?”, ou “Deve ter conseguido isso fazendo algo ilícito”, entre outras tantas possíveis difamações.

Quando nos sentimos perfeitos, a sensação de quem está em paz consigo mesmo gera leveza e abertura para atrair boas energias, representadas por pessoas ou situações. Quando nos sentimos perfeitos queremos nos aperfeiçoar a partir da aceitação daquilo que somos. Porque já instituímos que partimos do princípio de que somos perfeitos. Então, quando encontramos algo ou alguém com o conhecimento que nos interessa, a capacidade ou talento que fez com que pudesse ter o que possui, os privilégios da vida, o sucesso e até a prosperidade e a abundância, ficamos em paz com o outro, nós o admiramos e valorizamos, e ele servirá de inspiração a partir do que somos, como um caminho a se seguir, uma referência que nos guia.

Ame-se e aceite-se para poder estar receptivo e aberto ao conhecimento, e ao perceber a diferença com os outros, respeite e considere *Tudo Certo*.

Ao instituirmos que está *Tudo Certo*, passamos a considerar que tudo está perfeito, geramos receptividade, empatia e aprovação, e criamos uma energia agradável em relação a nosso meio. Ao contrário, quando se acha que tudo está *Errado* e se procura defeito em tudo, julgamos de forma comparativa e criticamos de forma destrutiva, criando, assim, antipatia, rejeição e conflito, tornando-nos antipáticos e não receptivos.

Cada uma dessas visões distintas vai gerar um resultado que está *Certo* e de acordo com a intenção daquilo que se quer gerar como resultado. Define-se um objetivo, estipula-se uma escolha que estará conivente com o que a pessoa é, com a forma com que vibra e com o que emana para seu mundo.

Enquanto for necessário diminuir o outro para se sentir superior, a pessoa está apenas revelando sua pequenez de espírito.

38

A VIDA É FEITA DE TENTATIVAS

A vida é feita de tentativas e acertos que estão sempre Certos. De Certo em Certo, chegamos aonde queremos.

Cada tentativa é uma escolha, cada escolha dá um resultado que não resulta em erros, mas no *Certo*. Sendo assim, as tentativas estão *Certas* de acordo com sua *Origem*, com o conhecimento intrínseco e com a energia que faz parte do *Processo*. No entanto, esses resultados podem não corresponder a suas expectativas, ainda que sejam baseados em uma crença, uma ideia e uma ilusão. O fato é que o resultado mostra sempre o *Certo* que está de acordo e que se considera real. O resultado não revela dúvida, mas certeza. A dúvida está em conseguir ascender ao conhecimento intrínseco de que está *Certo,* de fato. Portanto, podemos e estamos livres para tentar quantas vezes forem necessárias. Lembrando que o que afasta você do resultado desejado é apenas o conhecimento.

Não existe conspiração cósmica, não é culpa de seu pai ou de sua mãe, ou de quem quer que seja. Não transfira, não enrole, não transforme algo que vem como uma proposta de expansão em um peso que atrofia e amarra você a ele.

Nessa equação, lembre-se de que o universo, a vida, ou o nome que queira atribuir, não fornece a fórmula e nem a receita. A vida lhe dará os elementos, para que com as combinações necessárias você consiga atingir o resultado que almeja. Se somos seres únicos, se somos energias únicas, ao nos misturar com determinada situação ou outras pessoas, geramos um resultado igualmente único.

Quando eu amo, aceito. Então, todas as pessoas que amo, eu aceito. E isso será igual em todas as relações. Mas posso amar mais ou amar menos de acordo com as satisfações e os benefícios que a relação pode me trazer. Isso não significa que é amor a mais, apenas, *Amor + Satisfação*, que é igual ao prazer de estar com aquela pessoa ou naquela situação.

O universo não nos dá a fórmula, nem a receita porque isso seria uma imposição. Como mencionado na parte da *Origem*, somos espontâneos e livres. Por isso, a grande aventura da vida é brincarmos com responsabilidade neste grande paraíso que envolve nossa existência.

Então, ao avaliar a situação, talvez você precise ser mais flexível, menos intolerante, aumentar a sua compreensão, diminuir a sua tendência de achar que o outro é igual a você. Essa já é uma fórmula que transmito a você e que já pode trazer resultados altamente benéficos. Você pode, também, ser mais paciente, mais perseverante, mais otimista, agir com mais cautela, e de maneira menos desorganizada, menos prepotente, menos arrogante, menos exigente ao querer que o outro seja igual a você. Aumentar sua solidariedade e diminuir sua ingenuidade também é uma fórmula que lhe trará bons resultados. Eu poderia aqui dar inúmeras fórmulas, mas lembre-se de que todas elas vão dar um resultado que está *Tudo Certo*.

Lembre-se: caso o resultado não seja alcançado conforme desejado, sempre existirá uma nova oportunidade. Então, nunca perca tempo tentando arrumar uma situação do passado, porque o resultado está *Certo*. Podemos, sim, equalizar e aplicar isso em um próximo momento. Quem sabe nesta próxima oportunidade você peça desculpas, diga que agiu alheio à sua vontade, movido por algo que talvez nem saiba descrever. Peça desculpa pelo desequilíbrio causado, pela instabilidade gerada, mas nunca prometa que vai fazer, porque você pode não conseguir cumprir! Ou seja, faça para que todos possam ver. Realize para ter o benefício. Materialize para usufruir. Seja para ser, para deixar de querer.

PARTE IV

O TUDO CERTO

39

A NECESSIDADE DO TUDO CERTO

Existe uma necessidade no *Inconsciente* coletivo humano de ser aprovado e um medo de ser reprovado. Esse padrão é originário de um conflito de verdades na fase da infância, quando a criança, que é pura e está conectada com a sua *Essência*, depara-se com uma verdade relativa, opressora e desamorosa vinda dos seus pais e da sociedade, que impõem, como condição para ser amada, aprovada e aceita, concordar e corresponder ao *Certo* deles. Essa Referência de Processo é uma verdade relativa que, ao servir de base de segurança para a autoafirmação, passa a ser considerada como verdade absoluta, e como consequência, as pessoas criam resistências também por medo de serem reprovadas. Incorporam e replicam esse trauma coletivo de geração para geração, bloqueando o desenvolvimento dos seres humanos desde a infância.

A criança traumatizada será o adulto e velho, que se sente rejeitado por não ser igual aos outros. Sozinha, sem ninguém para protegê-la e amá-la, esse ser puro entra no mundo do *Errado*. Essa maldade está presente em toda a humanidade e isso é fato!

Acredita-se que exista uma verdade absoluta na realidade, mas também reconhecemos que cada pessoa possui sua própria verdade relativa. Nessa perspectiva, o conceito do *Certo* é uma expressão da verdade existente e real, enquanto o *Errado* é considerado uma ausência dessa verdade.

Cada pessoa, com base em suas experiências, seus valores e suas percepções individuais, constrói sua própria verdade que varia muito, uma vez que somos seres únicos, com histórias de vida distintas e diferentes formas de interpretar o mundo.

Ao mesmo tempo, existe uma verdade absoluta que pode ser identificada no *Certo*, que está enraizada na própria existência e essência das coisas. Ela é independente das perspectivas individuais e das opiniões pessoais.

Enquanto o *Certo* está em conformidade com essa verdade absoluta, o *Errado* é uma escolha ou *Ação* que se afasta ou se desvia dessa verdade. Embora cada pessoa possa ter sua própria interpretação da verdade, há uma base objetiva e universal que define o que é *Certo*.

É importante notar que nossa compreensão da verdade pode ser restrita e estar sujeita a erro, devido às nossas limitações como seres humanos. Podemos estar sujeitos a influências, preconceitos e condicionamentos que distorcem nossa percepção da verdade absoluta.

Portanto, é essencial manter uma postura de humildade, abertura e busca constante pela verdade, reconhecendo que nossa verdade relativa pode ser complementada e aprimorada pela verdade absoluta existente.

Dessa forma, a perspectiva da verdade relativa coexiste com a noção de uma verdade absoluta no *Tudo Certo*, enquanto o *Errado* é compreendido como uma escolha ou *Ação* que se afasta dessa verdade que, em essência, perdura, porque o *Certo* É, existe e é imutável.

Em Essência, originalmente, a natureza humana é considerada do Bem, porque tudo o que existe tem sentido, razão e propósito à Criação.

Não podemos definir que alguém age conscientemente por *Mal* ou por *Bem*, como já expliquei. Agimos de acordo com os impulsos, muitas vezes *Inconscientes* a respeito do *Ato e da Consequência*, da *Ação* e da *Reação*, da *Causa e Efeito* que podem resultar. Vamos aprendendo o sentido das coisas e transitando para a *Consciência*, dependendo apenas das escolhas de cada um. Agimos por *Mal*, aprendemos e descobrimos o sentido do *Mal* pelas influências, pela educação e pelas referências do convívio com outras pessoas. Essas também passam a ser as referências da personalidade, mas nunca do indivíduo em sua *Essência* e em sua natureza.

Como Deus é imutavelmente do *Bem* e favorece a vida na nossa *Origem*, onde tudo nasce e se permite existir, sempre estará *Tudo Certo* por ser *Ele* a *Fonte* de onde se origina o *Bem*. Portanto, as definições de *Errado*, de pecado, do *Mal*, de inútil e sem valor são relativas à perspectiva e ao conhecimento de cada um. O limite dado à Criação e a validação, incluindo o direito à existência e a sua permanência, é uma atitude puramente humana. Nesse sentido, a discriminação é a *Ação* de quem ignora os princípios da própria existência e cria um conflito com ela, ou seja, com o próprio Deus, porque se o Criador permite que algo ou alguém exista, quem é o ser humano para questionar o direito à existência?

As segregações e os extermínios exercidos durante muitos *Processos* ao longo da nossa história formaram os atos discriminativos de exclusão de muitos elementos considerados ameaçadores em suas ideologias. Lembrando que uma ideologia é uma suposição não definida, portanto mutável, porque o próprio ser humano não consegue se definir na totalidade. Infelizmente, a falta de compaixão e empatia dessas ações notadamente ignorantes – por não respeitarem o direito de existir e de viver segundo as próprias escolhas – ainda servem de referência para a humanidade, mas isso é baseado apenas nessas ideologias e não nos princípios da natureza e da existência humana.

O fato é que qualquer ideologia, crença e valor que segrega, cria conflitos, destrói sem justa causa, desequilibra e prejudica a ordem da vida não está de acordo com os princípios éticos e morais que regem o direito à existência. Essa limitação de perspectiva é a ideal para quem não sabe amar, pois cada um segue seus princípios e vive o seu *Processo* – que está *Certo* para ele. As referências ao *Bem* que favorecem a vida não podem ser trocadas por referências ideológicas que diferem dos princípios da vida, caso seja esse o desejo. Porém, quem quiser agir de outra forma, achando estar *Certo*, que seja feita a sua vontade, mas depois suporte o seu resultado, que também estará *Certo*.

Enquanto houver forças contrárias à vida e a favor da morte, teremos guerras e conflitos que levam apenas ao nada, porque os valores servem ao *Bem*. O resto apenas teima em achar que existe, mas está no caminho do seu próprio extermínio.

A maior mentira é você se servir de uma ilusão e enganar a sua própria realidade.

A questão quanto ao uso da palavra *Errado* é que já se está impondo o próprio *Certo* e considera-se o executor da *Ação* responsável pelo suposto *Erro* definido. Isso abrirá brechas para que o espectador se aproveite para zombar e tirar proveito dessa situação, com frases do tipo "Como você não sabia?" A pessoa, diante dessa situação, se retrai e aciona sua referência traumática, revivendo seu conflito.

Em toda relação existe sempre um emissor e um receptor que criam uma cumplicidade, ou seja, não podemos culpar os outros e atribuir-lhes a responsabilidade pelo desiquilíbrio causado a nível emocional e pela alteração do estado de ser, porque, quando isso ocorre, significa que todo esse *Processo* foi despertado pela pessoa, que permitiu se desequilibrar frente ao acontecimento. A alteração de um estado para outro, a liberação de adrenalina e a reatividade pertencem a quem se sentiu ameaçado. Isso significa, então, que a situação está em cumplicidade com o que a pessoa é, está conivente com seu *Inconsciente* e foi a sintonia com a situação que a fez atrair esse conflito. Se o que eu atraio altera meu estado emocional e/ou estado de ser – da alegria à tristeza, do bem-estar ao mal-estar –, existe uma afinidade, uma similaridade sonante, uma mesma frequência vibratória nessa relação. Logo, essa relação está *Certa* e vai gerar um resultado igualmente *Certo*, de acordo com a energia que foi despertada e manifestada.

Um exemplo disso é: se o emissor manifesta raiva e o receptor também aceita e desperta raiva, ele aceitou o convite, colocou-se na mesma dimensão e estabeleceu uma cumplicidade por afinidade, por servirem os dois nesse instante à mesma frequência. Isso significa haver um acordo preso no *Inconsciente* da pessoa que está reverberando e atraindo isso para sua vida, consequentemente está *Certo* para ela, até que deixe de ter algo em si que crie essa relação. Assim, ao alterar sua postura, pode constituir um novo *Certo*, e, consequentemente, novos resultados. Ou seja, toda a *Ação* gera uma *Reação*, todo *Ato*, uma *Consequência*, que estão *Certos* um para o outro. Por isso, está *Tudo Certo*.

Outro exemplo dessa cumplicidade é quando temos uma pessoa que se sente desvalorizada e assume esse acordo em seu *Inconsciente*. Ela condena a si mesma a uma prisão de desvalorização, e ficará presa até que se liberte desse acordo. Este sempre foi o foco do meu trabalho: libertar a pessoa desse *Processo*, porque não existe cura, liberdade nem liderança pessoal enquanto houver esses acordos que impossibilitam a expansão.

Toda relação é considerada *Certa* por estar de acordo com o que foi permitido sentir ou despertar. No caso de uma desvalorização sofrida no presente, caso ela tenha alguma referência com algum acontecimento do passado, significa que algo ficou mal resolvido e preso em seu interior. Assim, a pessoa vai atrair uma situação de desvalorização, vai se sentir desvalorizada, porque existe um acordo firmado no seu *Inconsciente* de que ela não tem valor.

Eu costumo dizer que as piores pessoas das nossas vidas são as melhores, porque existe alguma relação a ser resolvida que nos prende a elas. Mas quando aprendemos a não nos permitir ficarmos mal ou desestabilizados, nós nos tornamos livres e com o conhecimento de saber agir nesse tipo de *Processo*. É possível atrair tanto coisas boas como ruins, mas o fato é que essa atração ocorre por fazer parte do *Processo* da pessoa, e quando mudamos de um estado de ser para outro, sem permitir nos desequilibrarmos mais, deixamos de atrair esse tipo de situação.

Portanto, a pessoa ou situação atraída é um espelho que reflete o que somos, e muitas vezes o que não aceitamos no outro pode ser justamente o que não aceitamos em nós mesmos. Ou seja, existe na outra pessoa algo similar em aspecto, mesmo parecendo antagônico, que o atrai por similaridades, afinidades ou sonância. Atrai-se também por necessidade daquele conhecimento, como pode revelar a vulnerabilidade em determinado ponto. Além disso, as pessoas ou situações que perturbam ou desestabilizam podem revelar o que foi perdido em alguma experiência do passado – por exemplo, a autoestima, a confiança e a segurança –, que travou o desenvolvimento e a aquisição de conhecimento. Podem revelar a perda, o trauma, algum acordo firmado no *Inconsciente*, por meio de sensações do gênero: "eu não presto", "não sirvo", "não tenho valor". Seja a situação que for, atrai-se aquilo que está *Certo* a ser vivido.

Na tentativa de resolver muitas dessas situações, a pessoa tenta provar, precisa mostrar que não é o que está sendo revelado na experiência. Na realidade, ao tentar provar, já admitiu que é o que pretende provar, porque, quando não é, não há necessidade de provar.

O que é importante perceber é o que se permite sentir, o que é liberado na experiência, porque o bloqueio e o acordo assumidos no *Inconsciente* e as relações serão sempre de cumplicidade entre as pessoas. Digamos que é uma oportunidade para recuperar o que se perdeu, de forma a atingir um novo *Certo*.

Poderia colocar aqui perguntas do gênero "Como uma pessoa conseguiria recuperar a sua valorização pessoal perdida?", "Seria agradando aos outros para conseguir isso?", "Por que a *Ação* revela que ela está apenas interessada que o outro diga que tem valor?" Nesse caso, seria a partir do outro que viria essa valorização. A pessoa fica à espera do reconhecimento do seu valor a partir do outro. Nunca é a partir do outro! Senão esse se transforma numa espécie de deus. Porém, como ele não é um deus, pode mostrar o inferno onde a pessoa está.

A pessoa que depende que a valorização venha do outro, fica sob o domínio dele e o empodera. Não podemos empoderar o outro, porque isso inibe o próprio desenvolvimento do poder pessoal.

Quando uma pessoa não reconhece o próprio valor, ela atrai pessoas que não sabem dar reconhecimento! Como a pessoa vibra no não reconhecimento, atrai pessoas que também não sabem reconhecer o valor dos outros, porque estão na mesma procura e estão o tempo todo tentando se autoafirmar para obter autorreconhecimento.

Haverá, então, duas pessoas que parecem antagônicas, porém ambas sofrem do mesmo conflito, do mesmo acordo firmado no *Inconsciente* que as atrai e cria uma relação por afinidade. Na realidade são iguais, mas uma terá poder sobre a outra.

Seguindo esse exemplo, devemos ter cuidado ao questionar o próprio valor, porque isso inibe a capacidade de desenvolvimento e reprime o próprio poder pessoal. Essa valorização precisa ser sempre despertada, desenvolvida a partir de nós mesmos. O outro pode servir para despertá-la, mas manter e sustentá-la depende exclusivamente de nossa capacidade. Quando despertamos, somos nosso próprio potencial e emanamos isso para nosso mundo e, consequentemente, atraímos aquilo em que estamos sintonizados. E *Tudo Certo*!

O que deverá ser recuperado nesse tipo de relação?

Toda e qualquer relação conflituosa revela que algo foi perdido, e é preciso compreender o que foi perdido para poder se desenvolver e voltar a sua *Referência de Origem*. Nesse tipo de situação, é preciso avaliar sempre como *Certo*. Devemos aceitar que a situação é *Certa*, e não *Errada*, porque no *Ato* e na *Consequência*, na *Ação e Reação* está *Tudo Certo*.

Outra questão que convém considerar é que não vai ser diferente. É preciso aceitar para criar uma relação positiva com o acontecimento, por mais que ele possa ser interpretado como relativo, pois em toda relação conflituosa sempre há um aprendizado, nunca se é vítima do *Processo*. Estamos, sim, desprovidos de conhecimento e por isso vulneráveis, o que possibilita os bloqueios. Por isso essas relações conflituosas são extremamente valiosas para a etapa de *Catarse,* que já foi explicada anteriormente, pois, dessa maneira, a pessoa passa a questionar e inicia seu *Processo* de desenvolvimento.

40

ORIGEM DO TUDO CERTO

O *Bem* é força *Certa* estabilizadora que visa o equilíbrio e preserva a ordem, a vida e respeita toda a existência. Entretanto, o desequilíbrio, a desordem, a bagunça e a destruição que podem prejudicar uma pessoa e a *Ação*, seja qual for, contra a vida, também serão igualmente *Certos* para quem escolher agir dessa maneira. São o senso de justiça, a amorosidade e o respeito que definem a moral e os princípios éticos que conduzem uma pessoa do *Bem*. Cada um está *Certo* de acordo com a sua perspectiva e seus valores. Não cabe a ninguém querer que o outro seja igual, gerando rejeição, ou fazer alguém se sentir *Mal* por agir pelo que considera *Certo*. Lembre-se de que quando se fala *Mal*, já não temos o *Bem* que pregamos ter.

O *Tudo Certo* nasce da compreensão de que toda *Ação* vem de uma *Origem*, que determina o princípio que a rege e a intenção que vai estabelecer. Esse ponto de partida vai depender da *Referência* que a pessoa possui e à qual corresponderá, sempre, de acordo com o resultado obtido – que estará sempre *Certo*. Por isso, ele tanto pode vir de uma *Origem* destrutiva como de uma construtiva, ora permitindo expansão, ora criando alienação.

Cada um possui sua liberdade e responsabilidade pelo que permite despertar, o que dará *Origem* ao *Processo* que tanto pode gerar bem-estar como mal-estar. No entanto, ao se conectar à *Referência de Origem*, onde há as qualidades de expressão, como a pureza, tudo está perfeito por ser único e incomparável. Isso também ocorre quando há respeito às escolhas e aos princípios de cada um, de maneira que a espontaneidade possa se expressar livremente. Quando nos conectamos com essas referências e afinidades, a *Referência de Origem* proporciona a sensação de plena relação com o meio por olhar para tudo com olhos de aceitação e com o *Silêncio*, por não ter o que dizer que contrarie a *Existência* para não se fechar no limite da própria compreensão. Nesse instante, vemos tudo como parte de uma grande Criação, diversa e múltipla. É justamente esse encontro que considero a fonte da proposta do *Tudo Certo*.

41

A REFERÊNCIA DO TUDO CERTO

A filosofia do *Tudo Certo* tem a proposta de respeitar as escolhas e o *Processo* de cada indivíduo em sua existência. Para o *Tudo Certo* existe a multiplicidade de situações, porque se vive em um universo múltiplo e não dual. Nosso corpo, por exemplo, a partir de nossa perspectiva mental e de ego, verá tudo com o sentido dual como expliquei no capítulo "*Superior* e *Inferior*". Assim, ao olhar para baixo, percebe existir algo inferior a partir da sua perspectiva de referência de espaço e manifestação de tempo. Ao se olhar para cima, também se nota algo superior ao ponto de referência, com manifestação de espaço e tempo, assim como existem também as laterais esquerda e direita, frente e trás. Só até este instante já são seis formas de observar as manifestações a partir do ponto central de referência.

Esse ponto central forma um angulo de 360°, de onde partem a percepção, a compreensão e a *Consciência* da relação do *Ser* com o seu entorno e com o meio ambiente. Nessa *Origem*, onde não existe outra referência a não ser a partir dela mesma, defini meu conceito sobre sermos seres únicos.

Teoria da Existência

O que existe é, e o que não é não existe. Se não existe, não se deve considerar como uma hipótese, porque essa opção não existe.

É importante que eu mencione minha teoria a esse respeito para que você entenda o motivo que o leva a ter que respeitar tudo o que existe, cada alma, ente ou ser expresso na sua condição humana, representado pela pessoa que está a ser.

O que não existe não é, e o que existe é. Tudo o que existe está *Certo* porque ganhou o direito de existir. Segundo minha teoria sobre a existência, o *Certo* e o *Errado* são determinados de acordo com os valores atribuídos para tudo o que existe. Entretanto, toda existência, embora diferente, apenas diverge por não se enquadrar na *Referência* que a pessoa possui.

Possuímos como seres existentes características específicas:

Somos únicos: por existir, tudo ganha seu espaço e ocupa seu tempo, que está diretamente ligado a sua manifestação no momento presente e enquanto existir. Entretanto, quando nos consideramos como almas, estamos além desse tempo, somos atemporais, porque existimos além do tempo mensurado.

Somos singulares: não existe um *Ser* igual a outro, porque sempre haverá diferenças que nos tornam únicos.

Somos incomparáveis: somos iguais apenas em alguns aspectos e semelhantes no *Processo* da *Existência* no presente. No momento que vivemos somos seres humanos. E essa é uma particularidade que nos assemelha em aspecto, mas sempre seremos singulares e únicos. Por isso, nunca podemos comparar um *Ser* com outro, porque isso seria limitá-lo ao conhecimento que se possui.

Somos indivisíveis: enquanto alma, ente ou *Ser*, não é possível haver divisão, porque as partes divididas não formam dois corpos iguais, ficaria faltando uma parte para voltar a compor a unidade. Uma alma, um ente ou *Ser*, para formar outro *Ser*, precisa unir sua unidade a outra unidade, que dará *Origem* a uma terceira unidade. Como somos únicos, não nos dividimos e não multiplicamos, geramos um ser novo e único, indivisível e singular. Forma-se um corpo com as *Referências de Origem*, onde um ente ou alma habitará.

Na *Origem* onde reside o ente, há um núcleo que não possui polaridades que defini como *Zona Neutra*, e é por meio dessa referência que percebemos a existência de múltiplas manifestações, bem mais numerosas do que as consideradas opostas como mencionei, porque são 360° que se formam ao redor do ponto da *Zona Neutra* de observação ou ponto de *Origem*. Assim, cada grau seria uma perspectiva, sendo cada uma parte do todo que nos envolve. Portanto, não tem como o universo ser apenas dual e oposto, ele é múltiplo. Esse é um conceito que criei para definir que se o universo é múltiplo, também é singular a partir do seu centro, de seu ponto de *Origem*. Sendo assim, no que diz respeito a nós seres humanos, em nossa relação com o meio, como partimos desse centro, teremos multiplicidade de opções à nossa volta. Não possuímos restrições e limitações quanto ao movimento que podemos dar a nossas vidas; precisamos apenas fazer escolhas e criar o impulso para gerar os resultados que estarão sempre *Certos*, de acordo com nossa referência escolhida.

Existe um ponto de partida imparcial, livre de qualquer dualidade, que denomino no conjunto de minha obra como *Zona Neutra*. Ela impulsiona a *Referência de Integração*, que nomeei para representar o princípio que permite a individualidade se relacionar plenamente com o meio, aprender, expandir e evoluir. A partir da *Referência de Origem*, estabeleceremos uma conexão com a *Referência de Integração*, e essa junção consiste em unir a nossa singularidade com outras singularidades igualmente diferentes, únicas e incomparáveis.

Partindo desse conceito, não podemos usar o *Julgamento Comparativo*, porque fere o princípio do respeito à diferença. Essas referências altamente positivas só perdem força quando é exercido o *Julgamento Comparativo*, de onde nasce o princípio da intolerância, que culmina na discriminação e fomenta a *Crítica Destrutiva*. Essa, como já devem saber, interfere na ordem e no equilíbrio e, consequentemente, no desenvolvimento da *Consciência* para que você consiga valorizar e apreciar toda a *Existência*.

Então, não podemos dizer que uma coisa está em oposição à outra, porque não existe essa oposição, por cada uma estar *Certa* dentro da sua dimensão, em conformidade com sua realidade e verdade. Ou seja, a partir dessa perspectiva existe um ponto que está completamente *Neutro* e nesse centro de referência não existe a comparação com nenhum dos ângulos dos 360º. Não existe a oposição, mas é estabelecida uma relação que está *Certa*.

A *Zona Neutra* é o ponto de onde não julgamos, porque qualquer julgamento seria se restringir à perspectiva do conhecimento que se possui. Apenas contemplamos a partir desse centro e não comparamos nada nem ninguém; encontramos a *Essência* pessoal e a de cada unidade onde se é puro, perfeito, amoroso, espontâneo e livre. Onde realmente existimos e nos manifestamos verdadeiramente para a vida.

É importante frisar que quem acredita e favorece a formação da dualidade se coloca na posição central entre opostos, onde entrará constantemente em conflito, e vai ter que escolher o tempo todo entre um e outro, o que favorece a formação da dúvida. Portanto, quando se cria a divisão, cria-se a polarização, é preciso escolher sozinho, definir o caminho a seguir. A dúvida significa falta de segurança e confiança, ou seja, a dualidade favorece a formação do *Mal*, gera desequilíbrio.

Isso é o contrário da *Zona Neutra*, que percebe na diferença a integração, porque a proposta e o conceito do *Tudo Certo* não favorecem a dualidade, por não comparar, mas constatar que princípios distintos estão *Certos* de acordo com a manifestação presente em tudo o que existe. Consequentemente, não há dualidade no sentido de conflito, amplamente instituído na *Referência* de nossa sociedade, cuja base acredita e valoriza a existência do *Bem* contra o *Mal* e o *Certo* contra o

Errado. Presa em seus conceitos e definições limitantes que a encerram, a sociedade ficou contra os valores que permitem a humanidade retornar para a sua *Referência de Origem*. O ser humano, ao tentar se incluir em uma sociedade firmada na exclusão, ficou infectado pelo sistema dual e adoece nos seus traumas, conflitos e padrões provocados pelas influências presas em preconceitos e paradigmas limitantes.

Quando percebemos isso, atingimos o que as religiões tanto pregam e buscam, como também toda e qualquer pessoa que esteja à procura do sentido da vida, que é estabelecer uma conexão direta do centro do nosso ser com a *Fonte*, com a força criadora do universo. Quando há esse encontro, acabam as restrições; atingimos o silêncio e a plena aceitação de estar *Tudo Certo*. Encontramos a paz na relação com a própria referência e com o infinito da multiplicidade das inúmeras dimensões, da diversidade das inúmeras existências a partir da relação dessa *Zona Neutra* em harmonia com toda a existência. Contemplamos sua grandiosa variedade e diversidade. Nesse encontro se dá a união com o *Todo* presente na unidade e da unidade com o *Todo*, encontra-se o lar da nossa Existência.

Para mim, é no espaço do coração, exatamente no meio de nós, que reside e se encontra a *Zona Neutra*, na forma de um impulso da vida que chamamos de Deus, a sede da capacidade de poder amar. Desse encontro e dessa conexão de onde nasce o *Tudo Certo*, onde há o nada pela ausência da necessidade de conceituar as coisas e de querer ter para se sentir seguro é que cessa a procura.

Quando encontramos essa percepção da neutralidade, encontramos nossa própria unidade e a referência total com o universo por estarmos em pleno estado de empatia. Eu acredito e experimento isso todos os dias da minha vida. Essa é a razão pela qual me dedico há mais de 35 anos a ensinar a meus alunos e clientes a se conectarem com essa *Zona Neutra*. E é essa a missão e o sentido para a minha vida, que defino e divido com você. Entrego para cada um o sentido da vida e da própria *Existência*.

42

FERRAMENTAS DO TUDO CERTO: SILÊNCIO E RESPEITO

As pessoas variam seu estado emocional. Isso afeta seu comportamento, especialmente se tiver um trauma que criou um Mecanismo Reativo de defesa.

O *Tudo Certo* promove a compreensão, a empatia com o *Certo* de todos, visto que suas escolhas são sempre baseadas no que têm como recurso de *Consciência* ou *Inconsciência* em determinado momento, conforme o estado emocional e psíquico, incluindo o conjunto dos fatores que envolvem a situação. Afinal, quem somos nós para condenar quem quer que seja, uma vez que nós mesmos já fomos condenados por uma série de escolhas e manifestações que estavam em desacordo com os *Certos* dos outros?

Devemos ter mais solidariedade com os outros que estão passando por alguma dificuldade, mesmo porque as pessoas que estão se sentindo ou se considerando *Erradas* de alguma forma não estão nessa condição conscientemente, mas por estarem presas a conceitos enraizados no *Inconsciente*. Pois ninguém que esteja *Consciente* vai preferir estar ou se manter em uma situação que vá contra os princípios da própria

Referência de Natureza, que são de autoproteção contra qualquer dano que afete o equilíbrio e a própria vida. Então as pessoas estão sempre de acordo com as condições e as circunstâncias do seu *Processo*.

Na relação com o meio, sempre podemos nos deparar com uma série de atitudes capazes de entrar em contradição com os princípios morais e éticos dos outros, bem como suas referências e seus valores serão seus limites passíveis de serem toleráveis. Por isso, muitas vezes não é percebido que ao discriminar se denuncia o próprio limite do saber e da tolerância.

Para aprender a não usar de nenhuma referência, nesse instante aplica-se a prática do *Silêncio*, que, para mim, é a ferramenta mais importante para adquirir a *Consciência* do *Tudo Certo*. É por meio dele que conseguimos entrar na *Zona Neutra* e passamos a apreciar o outro e a aceitá-lo como ele é.

O silêncio não significa anulação, mas, sim, a sensação de que não há algo a ser dito a partir do que julgamos importante com base em nossas referências.

O *Silêncio* possibilita a análise da relação para além de nós mesmos: para fora, sem o uso dos conceitos enraizados na *Referência de Processo*. Na relação com o outro, isso não implica dizer que nada será dito, pelo contrário. A comunicação passa a um nível transpessoal, sendo um *Processo* de gestão das informações processado com o uso da *Referência de Origem*. Ou seja, é estabelecida uma relação a partir do puro, perfeito, amoroso, espontâneo e livre de todo preconceito ou ideias limitadas ao conhecimento adquirido e proveniente do *Processo de Vida*. No *Silêncio*, estamos na plenitude da relação e na máxima expressão de respeito segundo a filosofia do *Tudo Certo*.

Outro aspecto importante é a prática do *Respeito*, que implica perceber que existem diferenças em nossa sociedade com toda a sua diversidade. Significa a não imposição de limites que gerem restrição, reprimam, subtraiam e aprisionem ao considerar que todas as pessoas são livres em sua *Referência de Origem*. Porém, temos que respeitar a sociedade, da mesma forma que ela deve respeitar sua diversidade; respeitar o limite da sociedade, da mesma forma que ela deve respeitar nosso interior e o que estiver dentro das nossas realidades.

Ambiente social e sociedade são e estão nos acontecimentos que os envolvem. Porém, o que acontece dentro de quatro paredes fica dentro desse espaço e não deveria ser importante para a sociedade ou para quem não faça parte desse contexto, pois ninguém pode entrar e querer restringir e impor suas verdades dentro de nossas casas e até mesmo dentro de nós – exceto em casos em que seja flagrado algo que realmente viole a integridade de alguém. Fora essa situação extrema, cada um deve viver o seu *Processo* e caso não faça parte do *Processo* do outro, respeite e aceite que está *Certo* para ele.

Convém notar haver entre as pessoas envolvidas em uma relação um acordo, pois possuem afinidades e alguns interesses em comum. Por isso, foque nos seus interesses e seja feliz com sua vida e não perca tempo com a vida dos outros, quando essa não lhe diz respeito. Quanto mais nos envolvemos, mais responsabilidades adquirimos. Muitas pessoas se sobrecarregam porque não sabem dizer não e não respeitam os seus limites e suas capacidades, criando o que é uma das minhas ações de trabalho, o tratamento da síndrome de burnout.

No entanto, quando saímos da vida particular, o conhecido como porta afora, estamos na esfera da vida social, onde temos que respeitar as regras da sociedade da mesma forma que a sociedade deveria respeitar a nossa intimidade e nossa casa. Como influenciamos e somos influenciados o tempo todo, temos que respeitar o *Processo* de todo ser humano. Portanto, não se pode impor também que a sociedade aceite certas vertentes e valores que possam chocá-la. O choque causa trauma, por isso não podemos traumatizar a sociedade, assim como ela não deveria chocar os seus membros. Como mencionei, a sociedade é limitada em suas referências e cria a discriminação por considerar *Errado* o que está fora do que ela mesma conceitua como *Certo*. Então, devemos respeitar o seu *Processo*.

As pessoas são livres para fazer o que quiserem, mas no ambiente social precisam entender e saber que há outras percepções de realidade. Não podemos impor nossa própria "verdade" com o pensamento "vão ter que me aturar". Isso vale para qualquer pessoa. Lembre-se: temos famílias, crianças, jovens, pessoas em sua fase de aprendizado e transformação. Por isso, o respeito significa não replicar o que considera *Certo*, por se sentir vítima, e impor a sua ideologia libertadora, apenas porque se sente fixado em sua própria expressão contrária à da sociedade. Os grupos que se sentem excluídos e discriminados, assim como os grupos dominantes fazem, discriminam e excluem outras pessoas e até boa parte da sociedade para defender sua ideologia; não existe algo homogêneo e plenamente integrado.

Minha percepção – quando vejo as pessoas presas em seus *Certos* e *Errados*, nas dualidades opostas e em suas verdades – é que mesmo as pessoas que se dizem mais liberais também se fecham em suas perspectivas e em seu meio. A sensação é de ver as pessoas presas em seu mundo, presas onde cada um está no seu quadrado, tornando-se... quadradas. A simbologia do quadrado/tradicional sempre restringiu e excluiu o que não se enquadra na sua realidade. O contrário disso, "tudo estar redondo" significa dizer que está *Tudo Certo*. Quando as coisas estão quadradas significa que estão presas a seus limites. Assim, poucas pessoas estão redondas, livres e abertas, pois a maioria está presa.

Quando ando na rua, percebo claramente a exclusão e a repressão cruel; é lamentável ver cada um preso em seu quadrado. “Cada um no seu quadrado” virou até uma expressão. Eu prefiro dizer que cada um está no seu *Processo* e *Tudo Certo*.

Seja qual for a sua ideologia, devemos respeitar a existência de pessoas que talvez estejam preparadas para lidar com sua excentricidade. Logo, convém saber respeitar o limite da aceitação dos outros também. O *Tudo Certo* defende a plena liberdade e que essa reside no interior de cada pessoa, independentemente de fatores externos. É um estado de ser! Ser livre é saber estar liberto de todas as situações que o podem reprimir. No entanto, não é necessário se exaltar em demasia, porque a liberdade gera um estado de paz e leveza. Saiba respeitar e manter a sua própria *Referência, individual, singular, indivisível* e *incomparável.* A demonstração em excesso pode ultrapassar a linha tênue da elegância.

A postura de equilíbrio é a elegância que respeita o contexto social. Seja qual for sua sexualidade, a demonstração efusiva e excessiva de afetividade de qualquer casal em público é desnecessária, especialmente quando não se pretende chocar outros indivíduos com alguma demonstração exagerada. Para a coletividade, essa demonstração pode ser considerada vulgar. Assim, nesse caso, é importante aprender a saber conviver e a navegar pela sociedade em harmonia com seus princípios e respeitando os princípios sociais dos outros. A partir disso, seja você mesmo e esteja em paz com sua diferença. Saiba ser um ser social, expressando empatia, solidariedade e considerando *Tudo Certo*.

A sociedade, em sua forma de ser, segundo o modelo mecanicista atual, exclui e considera sem valor, principalmente, quem não produz e consome. Condena a pessoa por sua posição social, religião, crença, aptidões e tendências, marginalizando se ela não tiver boas referências. A tendência social de querer generalizar, tornar todos iguais segundo os seus moldes, ignora uma das condições primordiais presentes em cada ser humano, que é, justamente, a sua exclusividade e sua originalidade. Consequentemente, discrimina-se o que estiver fora dos seus conceitos.

A conclusão cria o *Certo*, mas não significa que seja eterno. Uma pessoa pode ser considerada *Certa* hoje, mas amanhã ser julgada tanto por ela mesma como pelo outros como *Errada*. O considerado *Certo* é subjetivo, bem como o que é definido como *Errado*, por estarem os dois diretamente associados ao conhecimento da pessoa e limitados às considerações definidas como *Certo*. Podemos estar seguros sem precisar definir tudo e saber de tudo, até mesmo por esse objetivo ser impossível de ser atingido.

A vida passa a ser uma certeza quando deixamos de duvidar do que há por vir, de temer não conseguir dar conta e projetar os medos adquiridos nos *Processos* vividos. Quando começamos a aceitar a vida pela ótica do *Tudo Certo*, simplesmente fluímos. Olhamos para o momento presente como infinito, não consideramos o fim nem o começo, por não estarmos presos aos acontecimentos. Ficamos envoltos pela vida quando olhamos *Tudo Certo*, experimentamos o retorno à liberdade e à espontaneidade presentes em nossa *Origem* no amor que aceita e no retorno à pureza que gera a leveza para podermos fluir pela vida.

43

O RELACIONAMENTO TUDO CERTO

Na vida não existe vazio nem escassez.
Só ausência de conhecimento.

Quando criamos escassez, geramos uma sensação de vazio. No vazio, nada existe. Nosso cérebro, nossa capacidade intelectual não consegue encontrar algo no nada. Portanto, quando geramos a sensação de vazio, impossibilitamos a conexão com o acontecimento que traz o conhecimento que gera expansão e plenitude. Quando estamos plenos, não temos vazio. Quando escolhemos o vazio, estamos sujeitos a sentir que nos falta algo ou alguém, criando, assim, a expectativa de que algo ou alguém poderá suprir esse vazio. Passamos, então, a agir por interesse. Tornamo-nos egoístas, projetamos que a partir do outro ou de algo vamos conseguir preencher a falta que sentimos. E quando isso não ocorre, há uma tendência ao fracasso, de vazio e de que essa falta se transforme em tristeza.

É sabido cientificamente que a gordura na alimentação traz sensação de alegria e que a tristeza nos tira a doçura da vida. Nesse instante, acionamos, institivamente, um *Processo* cerebral na tentativa de restaurar o desequilíbrio provocado, o que faz com que desandemos a comer alimentos gordurosos e calóricos na tentativa de o doce externo preencher o azedume do vazio interno. A procura por trazer o calor de fora para sanar o frio provocado pelo vazio, fatalmente, leva a pessoa a engordar. E isso está *Certo*. A tendência natural do ser humano é se proteger. Os animais nos polos do planeta acumulam gordura como forma de proteção, para sobreviverem ao inverno rigoroso. Entretanto, pessoas que nascem em climas tropicais precisam dessa gordura exatamente para quê?

O *Mecanismo Compensatório* resultante – uma das definições que criei, que envolvem a minha metodologia para lidar com o ser humano – implica, justamente, em sanar esse tipo de projeção. É importante que se saiba que para alguém que acredita no vazio e na falta, compensar essa sensação com alimentos calóricos e doces está *Certo* para ela! E ela está *Certa* por ter mais gordura corporal ou sobrepeso. Outras pessoas podem, no sentido inverso, perder gorduras, perder o apetite, outras, saírem comprando coisas para se sentirem preenchidas, satisfeitas para encher um vazio que aparentemente existe, mas que não é real, porque, como em nossa natureza somos plenos, não existe vazio.

A perda de um ente querido, a perda de um trabalho, de um *status* social, um acidente ou uma doença que deixem algum tipo de sequela que implique em uma alteração do estado emocional a que a pessoa estava acostumada, entre outros fatores, podem contribuir para o desequilíbrio metabólico e físico das pessoas. Considerando que os mecanismos de autossabotagem se desenvolvem a partir de um trauma/perda que acionam esse *Processo* de compensação, não saber se adequar à nova realidade causa sofrimento e tristeza. E isso aciona o *Processo* de vazio/falta, o que está *Certo* para quem permite que isso desperte.

Convém ressaltar que a saudade, muitas vezes, sentida por aquilo que foi perdido não está diretamente relacionada à pessoa ou à situação, mas àquilo que falsamente gerava uma plenitude em sua vida.

Eu me lembro de perguntar para algumas pessoas que diziam sofrer pela perda de um ente querido se sentiam saudade daquilo que a pessoa era ou daquilo que ela proporcionava. Se a resposta era a última, então não existia saudade daquela pessoa. Ou seja, na questão compensatória a partir do outro é que se estabelece a relação por deficiência. Onde há deficiência tentamos preencher com aquilo que o outro proporciona, então sentimos a falta do que o outro dava, mas não da pessoa em si. Isso é estar junto por interesse.

O amor é a força que se expande a partir de sua *Origem* e quando desperta atrai naturalmente o que estiver na mesma frequência. Ele integra e une por sonância das particularidades semelhantes, afinidades se associam por pertencerem aos mesmos princípios e por estarem sob a mesma regência. As relações se tornam por excelência por não haver a necessidade de querer ser, por não se estar à procura. É algo já estabelecido na *Essência* do próprio *Ser*. Quando eu sou, atraio o que eu sou naturalmente e sem esforço. Eu sou amor, nós somos amor e tudo passa a ser amor. É a certeza imutável do estado pleno do *Tudo Certo*!

44

A ESSÊNCIA DO TUDO CERTO

Como um resumo de tudo o que foi dito até aqui, listei alguns conceitos essenciais dessa filosofia de vida para que você possa sempre retomá-los e refletir sobre eles:

- ☑ O resultado está sempre *Certo* e não poderia ser diferente, porque essa hipótese não existe, o que existe é o *Certo*.
- ☑ Estar aberto a mudanças e renovações de um *Certo* de hoje para um novo *Certo* de amanhã facilita a transição constante de um momento para o outro, permite fluir frente à constante transformação que gera o aprendizado.
- ☑ Não definir situações ou pessoas como *Erradas* ou ruins torna uma pessoa mais aberta, que transmite boa energia por onde passa.
- ☑ A grande aventura da vida começa quando consideramos *Tudo Certo*, porque abrimos um novo olhar para o mundo.
- ☑ O alívio, a libertação e a leveza manifestados pelo respeito à *Existência* de cada um torna a pessoa leve, agradável, simpática e receptiva.

- ☑ Nossa natureza é amorosa, porque a vida e a existência, incluindo a sua própria preservação, dependem desse amor.
- ☑ A *Origem* de nossa *Essência* já é amor, pelo simples fato de existirmos.
- ☑ Se hoje alguém não sente o amor é porque aceitou ou ingenuamente se permitiu perdê-lo. Mas tudo pode ser recuperado, para isso é preciso continuar firme e não desistir, porque novas oportunidades sempre surgirão.
- ☑ Nascemos *Inconscientes* e o caminho, por vezes árduo, é que nos conduz ao aprendizado. Portanto, não devemos exigir de ninguém, nem de nós mesmos, o conhecimento antes das experiências.
- ☑ Mesmo que pela dor, mergulhar na *Catarse* nos ensina a rever nossos valores, a nos abrir ao aprendizado e à valorização e a seguir sempre em frente, sem nunca voltar atrás.
- ☑ É preciso estar sempre atento e observar a vida como um *Processo* de ensino e aprendizado. Acredite e confie para se abrir à *Pré-consciência*. Assim, conquiste seus objetivos e torne-se *Consciente*. Faça suas escolhas, esteja aberto para renovar e transforme-se constantemente.
- ☑ A resiliência para o *Tudo Certo* é voltar para sua *Referência de Origem*, por ser nela que residem a ordem e o equilíbrio.
- ☑ A vida não impõe, mas as pessoas, sim. Por isso é necessário ser flexível para poder se envolver e estabelecer novas relações.
- ☑ Não importa a relação que se estabeleceu, todos são cúmplices do *Processo*, e é pelo resultado que se percebe a mensagem do que é necessário compreender.

- ☑ Nem tudo é para ser entendido, há sempre um sentido que ainda não fechou seu ciclo. É preciso esperar, não existe pressa, pois é no momento presente que a vida acontece.
- ☑ Agradecer é considerar *Tudo Certo* para se abrir e se permitir gerar a *Consciência*. Por isso, a gratidão faz parte do crescimento, porque quem agradece não se limita apenas ao que satisfaz o próprio interesse.
- ☑ Para que haja expansão e evolução, é necessário desapegar do que é *Mau* e guardar o que é *Bom*.
- ☑ É preciso ter cuidado para não usar palavras antagônicas, porque geram conflito e antipatia. Deve-se tirar do vocabulário palavras como *Errado* e melhor e trocar por palavras que realmente gerem harmonia como, por exemplo, aperfeiçoar e aprimorar.
- ☑ Quem avalia e usa a palavra *Errado* não compreende os fatores que regem a *Ação* e os resultados que estão sempre *Certos*. Demostra ter limite de compreensão no todo que envolve as situações da vida.
- ☑ Ao manifestar qualquer *Ação* que seja depreciativa ou ao se considerar *Melhor* que o outro já se está considerando o outro ruim, por isso considere *Tudo Certo*, amplie a sua visão do mundo.
- ☑ O uso da oposição pertencente ao *Julgamento Comparativo* já condena o que é diferente de suas considerações limitadas e presas ao conhecimento que possui. Por isso, não compare, aprenda a valorizar cada coisa como é ao considerar que está *Certa* de acordo com seu *Processo*.

- ☑ É preciso estar sempre atento para não considerar sua referência como verdade absoluta, mas compreender que cada um tem seu *Processo*.
- ☑ A rejeição, às vezes, nem precisa ser expressa verbalmente, basta pensar, sentir diferente, criar repulsa, olhar com olhos que condenam e de reprovação para despertar uma energia ruim que pode se transformar em preconceito. Por isso, aprender a aceitar o que não tolera amplia a receptividade, permite que tudo flua sem interferir no percurso natural das coisas.
- ☑ A tolerância está diretamente relacionada ao nível de *Consciência* da pessoa. Quanto maior a primeira, maior será a segunda.
- ☑ A postura de diplomacia é a mais próxima do *Tudo Certo*, porque não pode favorecer uma coisa em detrimento de outra, evitando, assim, gerar conflito.
- ☑ Um dos atributos do *Bem* é garantir o direito de existir pelo fato de estar a favor da vida e da *Existência*. A *Consciência* do *Bem* respeita toda a diversidade e considera cada um livre em seu *Processo*.
- ☑ O ato de maltratar e a *Consequência* que isso gera é um desequilíbrio, por isso é considerado como *Mal*, e na realidade está em desacordo com a vida e a harmonia. Basta se colocar na posição de *Consequência* dos seus atos para gerar a *Consciência*.
- ☑ O *Bem* tem o poder de materializar e construir, e o *Mal* deforma, destrói sem motivo algum a não ser de querer afrontar o *Bem*. O *Mal* seria a rebeldia sem causa, porque vai contra a sua própria vida/

existência. Logo, praticar o *Mal* é insano, porque fatalmente vai fazer quem o pratica sucumbir, desaparecer, destruir-se, deformar-se. Em razão disso, a maldade está próxima dos acidentes e da própria morte, como também a rebeldia, que gera danos ao agir contra as *Referências de Origem* e de *Natureza*.

- ☑ Ao analisar qualquer situação, procure observar e aceitar todas as partes como *Certas* e as respeitá-las por estarem de acordo com suas perspectivas em relação à vida e a seu *Processo*.
- ☑ Uma pessoa não é melhor que a outra, pois cada uma é boa à sua maneira. Aprenda a valorizar o que vai além de seu limite.
- ☑ As pessoas fazem suas escolhas e estabelecem relações movidas por algo que partiu delas. Ninguém é obrigado, hoje em dia, a estar em uma relação que não queira. Sendo assim, esteja no que o faz feliz. Estar junto na ilusão e viver a solidão acompanhada não resolvem seu medo de bancar sua própria *Existência*.
- ☑ São as memórias das *Referências de Processo* presas no *Inconsciente* que fazem a pessoa viver esses *Processos*. Por mais que se possa considerar isso *Errado,* está *Certo* pela referência e revela a relação que precisa ser curada.
- ☑ Posicionar-se sobre seus direitos e exigir respeito é importante na relação com os outros. Muitas pessoas não percebem o outro porque estão fechadas em suas crenças e seus valores; por isso, não fique à espera de que o outro o perceba, torne-se real e presente.

- ☑ Quem espera ser notado vai atrair pessoas que não notam os outros! Não se pode atrair o que se deseja a partir do outro, por estar ausente em seu interior. Quem não está em si mesmo não desenvolveu nem despertou a própria existência, por isso não atrai o que precisa para existir.
- ☑ É necessário *Ser* para atrair por sincronicidade.
- ☑ O outro apenas ajuda a despertar, mas manter e *Ser* é obrigação de quem quer prevalecer.
- ☑ Para quem gosta de fazer projeções, está *Tudo Certo* sofrer com a frustração, a decepção, a desilusão, a mágoa e a raiva até aprender a ver a realidade e parar de tirar conclusões ou expectativas antes de se envolver com os fatos.
- ☑ Quem acredita na ilusão está sujeito a sofrer até aceitar a realidade.
- ☑ Não existem momentos iguais e muito menos dias iguais! As experiências similares, também conhecidas como padrão repetitivo, significam que a pessoa está usando de uma *Referência Traumática de Conflito* que não pertence a sua *Origem*, onde ela é pura, perfeita, amorosa, espontânea e livre.
- ☑ Quando digo que está *Tudo Certo,* isso faz referência à luz que se abre para uma nova verdade diferente da imposta pela *Referência de Processo.*
- ☑ Em um primeiro momento, cada pessoa vai querer estar segura para sobreviver, porque ganhou o direito de existir e de ter uma vida. Confie na vida. Você já deu *Certo* porque existe!
- ☑ Cada pessoa possui um corpo físico, que é sua forma para se conduzir por suas experiências, ocupa seu espaço, seu tempo e é livre para fazer suas escolhas, assumir o caminho que quiser seguir,

sendo responsável por tudo o que faz parte de sua vida e sua existência.

- ☑ Cada pessoa atua em sua própria dimensão, possui sua própria percepção com relação a si mesma e a seu meio. É um ser singular e, por isso, incomparável. Valorize sua diferença e as dos outros.
- ☑ Estabeleça conexões, relações, interações, envolvimentos e desenvolva empatias. Viva plenamente sua realidade e sua verdade.
- ☑ Diferenças sempre existirão, isso significa que tudo o que for adverso, diverso do que corresponde ao que acreditamos e somos, está igualmente *Certo* pelas mesmas razões e motivos que envolvem sua individualidade.

45

TUDO CERTO RESPONDE

Quando uma pessoa vive uma relação que a faz sofrer, isso está *Certo*?

Está *Certo* para ela, porque ninguém vive o que não existe que é o *Errado*. Seguindo esse conceito, se a pessoa não gostasse de sofrer, ela abandonaria essa relação. Mas existe algo que a prende à esperança de que, quem sabe, amanhã tudo possa mudar. Acreditar em uma hipótese do que ainda pode se viver e considerar que é possível mudar a qualquer momento prendem a pessoa a uma ilusão e a fazem ignorar o próprio sofrimento. Assim, ela prefere manter o sofrimento, o que passa a ser uma escolha, por isso está *Certa* para quem aceita vivê-la, porque senão, não a estaria vivendo. O que se vive corresponde sempre à realidade da pessoa. De alguma forma ela contribui para a permanência disso e o resultado obtido é proveniente de uma escolha prévia.

Se ela não gosta de sofrer, por que está casada com aquela pessoa?

Porque existe uma cumplicidade, pois quem gosta de fazer sofrer vai preferir ter uma relação com quem tem medo de sofrer, porque já sofreu algo no passado que a fez ficar vulnerável diante da situação. Conforme o que ficou preso no seu *Inconsciente* e de acordo com a *Lei da Atração*, algo que ficou acordado tende a se repetir até a pessoa dizer "basta" ou "não quero mais isso para a minha vida". Muitas pessoas vivem relacionamentos terríveis à espera que um dia, quem sabe, o outro mude. Porém, esse dia nunca chega, porque os motivos que a fizeram atraí-lo possuem fundamento em sua *Referência de Processo*, o que faz com que o sofrimento esteja *Certo* para ela.

No momento em que deixa de querer mudar o outro, deixa de rejeitá-lo, muda o sentido e começa a ver realmente o outro e não o que quer ver para satisfazer a si própria. Deixa de ser egoísta, porque só está interessada em si mesma. Nesse caso, o ideal é sempre a própria pessoa tratar de se transformar e não focar no outro, mas em si mesma.

Uma pessoa ao agir com descontrole e ser violenta a ponto de agredir alguém fisicamente está *Certo*?

Sim, está *Certo* para a pessoa descontrolada agir dessa maneira, porque ficou reativa por algum motivo. Liberou nesse instante a adrenalina, que atrapalha a capacidade sensorial e a faz ficar cega e surda emocionalmente. Esse hormônio prejudica o saber ouvir e ver a situação por outro ângulo. Na atitude de defesa e em meio a essa bomba de hormônios, a pessoa age sem razão, cometendo atos violentos e até perigosos, tanto para ela quanto para outras pessoas ou para coisas à sua volta. Sai, literalmente, quebrando tudo, com raiva, gritando e depois chorando e, muitas vezes, após a adrenalina ser metabolizada, volta à razão e se arrepende do que fez. O fato é que de acordo com o *Ato e a Consequência*, a situação e tudo o que vier a acontecer vão estar *Certos* para ela. Entretanto, quem age com *Consciência* e de maneira equilibrada consegue ver a situação por outros ângulos e estará aberta para ouvir. Consequentemente, agiria diferente. Agir com violência está *Certo* para quem está nesse *Processo*, mas está em desacordo ou não corresponde à realidade de quem age com *Consciência*. Agir com controle está *Tudo Certo* para quem sabe agir dessa maneira.

Se ela não suporta aquele emprego, por que ainda está nele?

Porque quer! Ela fez uma escolha e decidiu por esse emprego por algum motivo. Quando fez isso, pode ter escolhido resolver sua situação financeira e o trabalho estava *Certo* para esse objetivo. Entretanto, depois, descobriu que o trabalho não a faz se sentir satisfeita. Novamente, o problema é da pessoa. No entanto, quando quis o emprego estava interessada na sobrevivência para resolver a sua *Referência de Natureza*. Agora, não suporta o emprego e está presa justamente pela suposta necessidade de se sentir segura. Ela ganhou segurança, mas falta satisfação no que realiza. A bem da verdade, está presa a suas inseguranças e está *Tudo Certo*. Agora pode ir à procura de um trabalho que dê a ela segurança e ao mesmo tempo satisfação, o que não pode é começar a desdenhar, tratar mal e criar energia ruim no ambiente de trabalho, porque nem a empresa nem os colegas têm culpa da insatisfação dessa pessoa. Eu digo sempre que devemos amar o que temos e estamos livres para amar e ficar ou amar e sair à procura do que nos satisfaz. Mas nunca demonstrar ingratidão pelo que se tem, fruto de uma escolha feita por nós mesmos. Esse tipo de comportamento é inadequado para quem quer manter seu bem-estar.

Se não suporta ser assediado moralmente, por que não sai daquela situação?

Ninguém é obrigado a ficar onde não quer, mas nesse caso ele está preso por alguma necessidade até mesmo à espera de ser valorizado. Então vai fazer de tudo para ter reconhecimento, mas seu chefe – que não é um líder e não sabe multiplicar liderança – nunca vai fazê-lo se sentir bem com o que produz e gera de resultado. No seu *Inconsciente*, ele se acha *Errado*, questionou seu potencial em algum momento da vida e vai atrair quem não sabe reconhecer o valor do outro, exatamente como ele não sabe reconhecer o próprio valor, e *Tudo Certo*. O chefe faz o outro se sentir mal, o põe para baixo para se sentir por cima. Os dois possuem complexos e situações mal resolvidas em sua *Referência de Processo*. Essa relação está *Certa* para os dois, por ambos terem problemas de reconhecimento.

Por que mesmo sabendo que não é boa, ela não sai da situação?

Porque ela tem medo de perder. Suas inseguranças e seu medo de ficar só não a deixam sair. O que vai acontecer a partir disso? Pode ficar ainda pior do que já está! A pessoa não sabe mais ficar livre. Adaptou-se ao seu mal-estar e vive seu *Processo* de acordo com sua escolha; cada um no seu *Processo*, e *Tudo Certo*!

Eu estou com um marido que bebe bastante e até lembra o meu pai. Isso está *Certo*?

Para quem bebe está *Certo* beber, tem a ver com os princípios que ele valoriza. Da mesma forma, para quem consome algum tipo de droga, está *Certo* se drogar. De maneira similar, para o fumante está *Certo* fumar, e alguns chegam até a considerar o cigarro como um amigo. Embora seja sabido que faz mal à saúde, muitas pessoas procuram ignorar essa informação, pois, assim, não precisam ficar *Conscientes* da responsabilidade pelo resultado de determinada escolha e o seu efeito, para não correr o risco de se sentir culpado. Todos os comportamentos contra a saúde/vida tendem a ser praticados por quem tem déficit de autoestima e valorização pessoal. Não adianta tentar discutir e chamar para a razão quem notadamente está em um *Processo* autodestrutivo. A questão aqui é se está *Certo* o bêbado na vida dessa pessoa. Ora, isso faz parte da vida dela! Pela *Lei da Atração*, ela atrai também o que a incomoda, porque ao ter vivido o trauma do pai bêbado e ter presenciado a relação dos pais, assume um acordo e cria uma relação direta com a situação que causou o mal-estar. O trauma fica preso no *Inconsciente* e cria relação com a *Referência de Processo*. A partir disso, esse trauma se torna uma verdade que está *Certa* para essa *Referência*.

Muitas pessoas começam a beber para fugir de sua realidade, chegam a uma fase em que já estão fora da vida ativa e não possuem mais objetivos definidos. A realidade não é a mais suportada! E para não terem que pensar ou refletir, a bebida passa a ser considerada uma ajuda. No entanto, futuramente, essa ajuda vai cobrar seu preço. A ilusão sempre cobra seu preço quando mostra a realidade, o efeito da causa!

Eu sempre me decepciono com meus relacionamentos. Por que isso acontece?

Quem gosta de idealizar está sujeito à decepção ao se deparar com a realidade. Quando a vida mostra os fatos, a pessoa não aceita, não se adapta, teima em querer o que imaginava, e é nesse instante que se decepciona. Esse tipo de relação está *Certo* para quem quer viver a ilusão e não sabe como lidar com a realidade. A decepção está mostrando a verdade! Nesse instante, infelizmente, como entra em conflito com o que imaginava, a pessoa fica decepcionada, desiludida. Entretanto, o único momento em que viu o outro ou a situação foi quando se decepcionou, e de acordo com o *Tudo Certo*, está *Tudo Certo* para quem gosta de se decepcionar com a realidade.

Eu não sei porque meu filho não dá *Certo*! Eu o amo tanto e estou sempre procurando ajudá-lo, mas parece que ele nunca deslancha.

Essa relação por deficiência, na qual um nutre o outro, faz referência ao que se pode considerar como a droga e seu dependente: "Eu dou segurança a você, e em troca você fica comigo". A mãe aprisiona o filho com o que pode proporcionar e o filho aprisiona a mãe com o seu amor. É como se fosse uma troca do tipo "Eu lhe dou as pernas e você me dá o coração". Essa complementaridade dá uma sensação de plenitude por um preencher a deficiência do outro. Portanto, presos a uma relação desse tipo, nenhum deles vai evoluir. Ficarão dependentes, adaptados a isso, e nada vai acontecer. Para quem está na relação por deficiência e quer compensar tudo no outro, esse tipo de experiência está *Tudo Certo* e cada um no seu *Processo*!

A situação é péssima, por que não saio dela?

Para a pessoa que está numa relação destrutiva e ligada pela deficiência, não importa a medida! Ela já vive algo desfavorável! Mesmo porque, não existe algo mais ou menos ruim: quando é, é. Não existe algo mais ou menos bom, a pessoa mais ou menos boa é ruim. Não existe o mais ou menos, porque essa expressão foi criada falsamente pelo ser humano para se sentir um pouco melhor com determinada situação. Por isso, não se contente com o mais ou menos! Procure se aceitar, analise o *Ato* e a *Consequência*, a *Ação* e a *Reação* das situações reais. Veja o resultado de cada coisa e o que pode desenvolver a partir dela e aprenda com isso! Observe o que está a mais, a menos ou faltando, reflita o que você precisa acrescentar, diminuir ou manter para equalizar as coisas e aplique isso à situação que você está vivendo para gerar novos resultados. O que você não pode é manter o mesmo resultado! Lembre-se: nunca depende do outro, mas sempre de você. Porque o outro é um espelho daquilo que você emana para seu mundo, que cria uma atração, uma relação e uma conexão e revela seu reflexo, mostrando o que você é! Existe sempre cumplicidade na relação entre aquele que gosta de maltratar e aquele que, de alguma forma, se permite ser maltratado. Existe um gosto peculiar pelo sofrimento, porque se a pessoa não gostasse, ela saberia dizer não e não se permitiria ficar naquela situação ou relação.

Assim, tudo é questão de escolha e as pessoas estão onde querem estar, ainda que não saibam disso. Ninguém as obriga, elas possuem a liberdade de poder sair. No entanto, há algum motivo, seja ele qual for, que faz a pessoa estar naquela relação. Seja por seus medos, por suas inseguranças, carências ou deficiências... Na realidade, não importa muito o que a mantém, mas, sim, a *Referência* e identificação que possui o que a faz responsável por viver esse *Processo*. E *Tudo Certo*.

Então, cada um está onde tem que estar, e cada um no seu *Certo*?

Uma das coisas que aprendi na vida foi perceber que eu tenho o meu *Certo*. Tenho o meu conhecimento, conheço bastante sobre o universo e sobre o ser humano, então isso me permite compreender e entender que não posso exigir que as pessoas tenham minha percepção. Por isso, tenho que respeitá-las. Como terapeuta, venho fazendo isto constantemente: tentando trazer as pessoas para uma nova perspectiva em relação a determinado acontecimento ou sua relação com determinado conflito para poder tirá-la dele. Ou seja, ver a vida sobre outra perspectiva. Claro que quando estamos no olho do furacão, ficamos tontos e não conseguimos ver saída para a situação, mas a ideia é não se deixar levar demais pelas situações, procurar dizer não, posicionar-se. Esse é o seu respeito. Porque se alguém o está maltratando, posicione-se e exija respeito: "Eu não estou entendendo por que você me trata dessa forma, se eu não o trato assim? Qual é o seu objetivo? O que você pretende ganhar com isso?".

Essa pergunta se baseia na experiência real de uma senhora a quem o marido tratava muito mal. Eu a fiz dizer a ele: "Eu sou o amor da sua vida, sua mulher, mãe dos seus filhos e, no mínimo, você tem que me respeitar, porque eu lhe dei uma família. Não tenho que aturar sua falta de noção. Eu fiz você se sentir pai. Dei a oportunidade para que fosse meu marido e o mínimo que exijo é que me trate com respeito".

E continuei orientando: "Diga que está disposta a ajudá-lo e que ele não precisa ser forte o tempo todo, que está a favor dele e, por isso, não convém que ele desconte a raiva em cima de você, porque é a figura do belo na vida dele. A harmonia, o prazer e a alegria, onde ele vem buscar consolo, proteção e encontra a paz e o aconchego do lar".

Muitas vezes é necessário se posicionar, mas nunca quando a pessoa está com raiva. Espere por um bom momento. Nunca demonstre rejeição nem emita julgamento. Faça silêncio, está *Tudo Certo* e espere o momento ideal para ter uma boa conversa.

Ao entrar na mesma sintonia da pessoa que, por algum motivo, está mal com a sua vida pessoal, embora possa estar convivendo com a outra, sempre teremos situações particulares. Nesse caso, quando alguém começar a ser agressivo, a outra pessoa também ficará agressiva, e as duas entram em competição, no *Processo* de *Julgamento Comparativo* e fazem críticas destrutivas. Então, instaura-se um caos. Não existe ganhador nesse contexto, todos perdem. Se ficarem discutindo razões, já perderam a razão. Não existe vencedor enquanto o *Mal* estiver gerando a desordem e afetando a amorosidade. Não existe paz, não existe harmonia nesse cenário. Não existe felicidade capaz de sobreviver em um comportamento dissonante, separatista, discriminativo, retrógrado, abusivo, que visa apenas o desequilíbrio e só causa o *Mal*.

Esse tipo de situação faz as pessoas se fecharem e criarem a própria solidão, porque toda e qualquer manifestação que seja ruim leva, fatalmente, a pessoa para a exclusão do próprio mundo! Ela mesma se separa do mundo, se discrimina, se exclui e sofre pela própria solidão que está criando, porque deixa de ter empatia e começa a ter antipatia, o que não permite unir nem integrar. Uma pessoa que não vê a vida com satisfação não consegue se envolver com ela. Se ela não se envolver com a vida, consequentemente, não estabelecerá uma relação de aceitação e amor com o mundo. Então, fica fechada em seu casulo, em seu ovo.

Ela se fecha em si mesma e anda como uma espécie de zumbi que não percebe as coisas ao redor. Segue sem motivação nem valorização e perde o apreço pela vida. Uma pessoa que vive algo muito pesado vai perdendo a capacidade de ver o belo, ela só critica, julga e fala mal. Seu discurso é contagioso, só fala de doenças, problemas e violência. Ou seja, já está completamente tóxica. E tudo isso tem a ver com seu *Processo*. Portanto, gradativamente, ela vai cavando e formando o próprio túmulo, onde, infelizmente, vai se enterrar viva, sofrendo com as doenças que vai criar por conta de seus comportamentos repetitivos. E isso está *Tudo Certo*, seja feita a sua vontade.

46

A FILOSOFIA DE VIDA *TUDO CERTO*

Proponho uma nova filosofia de vida, que ensina a ter um novo olhar em suas relações e uma nova perspectiva na maneira de interpretar as situações que favorecem o despertar da *Consciência* amorosa, a expansão humana que se traduz em prosperidade, paz e harmonia. Esse é o fundamento do *Tudo Certo*.

Minha intenção ao compartilhar essa minha descoberta é inspirar a prática dessa filosofia no cotidiano, pois ela desenvolve uma nova perspectiva na relação da pessoa com ela mesma e com seu meio.

Quero ensinar a romper com as travas do *Inconsciente*, incluindo as *Referências de Processo* adquiridas pelas influências e pelas experiências sofridas, que bloqueiam as *Referências de Origem* que acionam os princípios de luta e fuga da *Referência de Natureza*.

A libertação das pessoas sempre foi um dos motivos que me levaram a criar minha metodologia. Esse intuito é o que me impulsiona, norteia todo meu trabalho. Meus propósitos vêm do desejo de que as pessoas realizem e utilizem seu poder interior para transformar as próprias vidas. Contudo, por causa da *Referência de Processo*, elas estão sujeitas a não conseguirem o máximo desempenho.

Meu objetivo quando escrevi esta obra foi ir à raiz de onde surgem os bloqueios nas pessoas. Esclarecer e transmitir o porquê de ser feliz apenas ao se atingir as conquistas e das tristezas enquanto encara as transformações como perdas. Entender como e quais situações fazem uma pessoa ser discriminativa e solitária, sem ao menos mostrar uma possibilidade de ser diferente.

A campanha do movimento *Tudo Certo* visa praticar a filosofia de vida pautada no conceito de não existir o *Errado*, o *Ruim* e a *Culpa,* para que o amor permaneça entre nós. Claro que sempre seremos responsáveis pelas nossas ações e nossos resultados, mas estamos aqui para aprender e temos que ter solidariedade quando nos deparamos com algo ou alguém que difere dos nossos conceitos para não nos tornarmos preconceituosos.

Por isso, no capítulo a seguir vou colocar alguns pontos práticos para que você possa incluir essa filosofia em seu dia a dia.

47

A DINÂMICA DO *TUDO CERTO*

Cada um segue seu Certo. *Ao se deparar com outro* Certo, *este pode ser considerado* Errado *em comparação ao dos outros. Na dinâmica do* Tudo Certo *temos que considerar que todos os* Certos *podem não estar de acordo ou serem contrários aos princípios da* Consciência. *É preciso compreender o* Processo *para obter o conhecimento. E, principalmente, a* Consciência Certa *da intenção do que se quer.*

Há muitos anos, quando criei essa dinâmica de estar *Tudo Certo*, algumas pessoas estavam tão poluídas com o *Errado,* que ao começarem a aplicar todos os meus conceitos e práticas, vinham e me diziam: "Esse silêncio é ensurdecedor, porque agora como está *Tudo Certo* eu não sei o que vou fazer!" Também me diziam: "Antes eu achava que tudo poderia ser melhor, não estava receptiva às coisas por considerar e aplicar o *Errado*. Claro que agora percebo que era isso que contribuía para nada estar bem, porque eu estava no *Tudo Mal*, estava certamente contra mim".

Tenho um exemplo muito simples para ilustrar como considerar algo *Errado* pode afetar as relações e o envolvimento com as pessoas e as situações. Como disse, cada um tem seu

Certo e quando fazemos alguma coisa, seja qual for, sempre vamos dar o nosso melhor, por corresponder ao conhecimento adquirido durante o *Processo* de ensino e aprendizado da vida. Por isso mesmo quando se faz um simples café, esse vai sair de acordo com o seu saber e conforme o seu gosto, considerado *Certo*. Entretanto, outra pessoa, ao experimentá-lo, pode dizer: "Este café está muito fraco e amargo". Ou seja, está diferente do que considero *Certo*, por estar diferente e em desacordo com o seu conhecimento e seu paladar, que no caso pode preferir um café forte e doce. Isso significa que ambas estão *Certas* e ninguém *Errou*. Porém, dependendo dos princípios de cada pessoa e de sua verdade ou seus *Certos,* ela vai reagir a algo diferente do que considera ser supremo. Assim, pode ter reações adversas e expressar coisas como: "Que café é este! Que pessoa faz um café como este? Como assim, você não sabe fazer um café?" Pode também zombar e ridicularizar: "Nossa, meu Deus! Isto está intragável!"

Diante de uma situação como essa, afloram memórias do *Inconsciente*, com registros de desvalorização, de uma pessoa que sentiu não ter agradado o outro em algum momento e se sentiu inútil e desagradável para o outro. Isso vai fazer com que atraia pessoas desagradáveis.

Em nenhum momento a pessoa se sente com força para se contrapor e se defender quando tem conflito em suas memórias. Assim, o cenário dessa situação está *Certo*, porque está de acordo com o que as atrai. Por isso, na dinâmica do *Tudo Certo* é preciso perceber que o que acontece em nossas vidas está realmente *Tudo Certo*. Os semelhantes se atraem. O outro será apenas um espelho que refllete e diz o que a pessoa já definiu para ela mesma ao longo de todo o seu *Processo de Vida*. Portanto, enquanto existir um conflito atrai-se, sempre, esses espelhos que revelam apenas o que a pessoa é. Em um primeiro momento, assim como no reflexo de um espelho, é possível criar expectativa e pensar que vai expandir: "Acho que vai gostar do meu café". Porém, ao dizer: "Este café não presta", a pessoa se confronta com o fantasma do seu próprio bloqueio. E *Tudo Certo*!

Quando não há conflito, diante da pessoa desagradável de nosso exemplo, dizemos algo assim: "De acordo com o meu conhecimento, este é o café que eu sei fazer, que para mim está *Certo*. Porém, percebo não estar de acordo com seu gosto. Por isso, conte para mim como posso fazer para agradar você?".

Mesmo assim, ainda é possível ouvir: "Como assim não sabe!? Todos sabem que é a quantidade de açúcar e pó que dão o tom doce e forte no café!".

Ou seja, a provocação pode surgir de várias formas, como um teste para que a sua convicção sobre aquilo não sofra alteração. Por isso, essas experiências são muito importantes, porque nos ensinam a estar seguros do que somos, mesmo que o outro tente nos mostrar o contrário. É o seu *Certo* que está sendo questionado. Ao se sentir *Errado* já perdeu a certeza sobre si mesmo e nesse caso também estará *Tudo Certo*! Nesse instante o silêncio ainda é a melhor demonstração de conhecimento.

***A maneira de agir está sempre de acordo com a escolha da pessoa, e esse será o seu* Certo.**

A prática do *Julgamento Comparativo* e da *Crítica Destrutiva* condenam algo ou alguém como ruim partindo do princípio de que você é melhor do que aquilo que julga. Por isso difama, desvaloriza e considera que o que existe não presta. Isso demonstra que a pessoa está completamente condicionada em relação aos acontecimentos e que está, principalmente, impossibilitada de evoluir, expandir seus horizontes, atrair prosperidade, amor e bem-estar!

Dessa maneira, procure não criar o *Julgamento Comparativo* para não gerar a discriminação: essa é uma maneira salutar de se viver.

A principal intenção ao ensinar a prática do *Tudo Certo* é fazer você ser mais leve, agradável, feliz, saudável e ter paz e harmonia entre muitos outros benefícios e vantagens que essa prática proporciona. A escolha é sua: você é livre para fazer o que quiser! Contudo, a pergunta que não se cala é: por que ir contra sua *Referência de Origem*, de onde nasce o *Bem*, para se prender ao *Mal* que ilude temporariamente no prazer momentâneo, no sucesso e no poder passageiros, retira a jovialidade e só faz envelhecer? Aprender o *Tudo Certo* é rejuvenescer ao ser flexível, ser jovem ao ver a graça da vida e a plenitude pela gratidão da *Existência*.

O meu objetivo neste momento é dar atenção aos princípios que possibilitam o despertar e o desenvolvimento do amor, sua capacidade de saber manter e despertar a *Consciência* amorosa. Para alcançar isso, defini em meus estudos os elementos que compõem a etapa da dinâmica do *Tudo Certo*, que vou descrever a seguir.

- ☑ Você tem todo o direito de não querer os resultados que atingiu, e essa é uma questão pessoal. Mas, nesse instante, primeiro considere o resultado como *Certo*, avalie a situação e, a partir daí, comece uma nova tentativa. Então o seu novo *Certo* vai gerar um novo resultado.
- ☑ O universo dá os elementos, e a vida dá os temperos, mas nenhum deles dá a fórmula nem a receita. É por meio das sucessivas tentativas que vamos obtendo resultados, então persevere e não tenha medo das mudanças.

☑ Esteja sempre receptivo em todos os estágios do caminho desejado até atingir o que pretende, levando sempre em consideração que não existe vazio nem falta, apenas ausência de conhecimento.

☑ Cada resultado estará *Certo* de acordo com a energia, com a situação, a intenção e a proposta. Portanto, não considere que vai melhorar na próxima tentativa, porque cada resultado já está perfeito e *Certo*. Apenas procure aprimorar e aperfeiçoar a partir do conhecimento atual até chegar ao resultado obtido.

☑ Como vivemos diversas experiências, o aprendizado vai sendo construído ao longo do *Processo*. Tenha paciência e perseverança.

☑ É a partir da avaliação que está o resultado *Certo*, embora não seja o que você quer. Aplique a equação *Tudo Certo*, que *é* (análise do que estava a mais) + (análise do que estava a menos) = (o que precisa ser implantado ou retirado). Assim, essa equação permite se aprimorar a cada resultado que estará sempre *Tudo Certo*. E, por meio de tentativas, pode-se chegar ou atingir o resultado que se almeja.

☑ A tendência de definir para ter uma ideia é um ato puramente mental de atribuir referência para estar seguro sobre algo ou alguém. No entanto, sempre considere isso apenas uma referência e não uma verdade absoluta!

☑ Sua ideologia estará sempre limitada a sua designação, por isso, não segregue o que estiver fora do seu conceito ideológico.

☑ Uma ilusão só pode ser considerada real quando for um fato absoluto e irrefutável. Cuidado para não entrar em conflito com a realidade e bloquear o seu saber receber.

- ☑ Observe que toda expressão de repulsa não é uma atitude amorosa, portanto não pertence a quem tem *Consciência* elevada, seja qual for essa expressão (misoginia, racismo, homofobia, sociopatia etc.). Lembre-se de que não existe superior ou inferior, quem pensa assim já está preso a suas considerações.
- ☑ Ninguém é obrigado a fazer o que não quer. Existe uma permissão e uma escolha que envolvem cada uma das pessoas nas situações. Cabe a cada uma focar sua realidade e saber viver em harmonia com as diferenças.
- ☑ As relações passam por grandes transformações. Já não se pode estar com alguém, cujo preço a se pagar é a submissão, a destituição, a anulação ou a exclusão de uma das partes. Não se submeta a relações ou situações tóxicas.
- ☑ Depender do outro, colocar suas expectativas no outro é uma relação por deficiência. O que impossibilita seu próprio desenvolvimento. Isso, mais cedo ou mais tarde, vai gerar frustração sem que você saiba de onde vem. Não busque fora o que precisa primeiro despertar em seu interior. Concentre-se em ser para atrair.
- ☑ As relações por excelência fazem parte da nova constituição para que as forças, antes antagônicas – homens de um lado e mulheres de outro –, consigam hoje se associar, combinarem entre si em harmonia, pois as pessoas estão umas com as outras por escolha própria e livres!

- ☑ Hoje as pessoas precisam existir e não serem as sombras umas das outras, não dependerem umas das outras, não roubarem o que não conseguiram desenvolver a partir de si mesmas nem sugarem para falsamente se sentirem plenas. A plenitude está na individualidade. Siga a máxima "ser para ter" e não "ter para ser".
- ☑ Não adianta estar com alguém em uma relação onde "eu dou a você a segurança emocional e você me dá a segurança financeira". Hoje somos todos provedores e autores da nossa própria caminhada a partir das nossas livres escolhas. Faça a sua própria história, assuma o controle!
- ☑ A intolerância, o preconceito e a discriminação são ações que instituem um limite na capacidade de amar. Essas práticas bloqueiam o sentimento de empatia nas relações humanas. Pratique o respeito, essa é uma ferramenta poderosa para você viver o *Tudo Certo*!
- ☑ Toda pessoa que fala mal do outro tem o seu conhecimento e percepção limitados sobre a realidade. Controle suas palavras, pratique outra ferramenta essencial na filosofia do *Tudo Certo*: o *Silêncio*. Se não há nada construtivo a ser dito, não diga!
- ☑ A *Crítica Destrutiva* tem o poder de tornar as pessoas reativas quando possuem *Processos* mal resolvidos, por isso procure compreender que está *Tudo Certo*.
- ☑ Não emita *Julgamento Comparativo*, aceite que está *Tudo Certo* e faça silêncio, inclusive mentalmente para não emanar nenhum tipo de crítica. Aceite e tenha empatia.

- ☑ Quem reclama é adepto do *Tudo Errado*, ou seja, não aceita, está insatisfeito, perdeu a doçura, a alcalinidade e está num *Processo* ácido, que corresponde às escolhas que conduzem e levam a sofrer todas as consequências de seus atos. Revise seus valores e pergunte a si mesmo o que, de fato, vale a pena transmitir e manter. Deixe de valorizar os defeitos que são suas referências adquiridas durante o seu *Processo*, que corresponde à sua personalidade, que julga estar *Certa*.
- ☑ Deixe de competir consigo mesmo, abandone a cobrança de ser perfeito e lembre-se: em sua *Origem* você já é perfeito!
- ☑ São nas suas *Referências de Processo* que residem os seus conflitos e situações mal resolvidas que o fazem se cobrar ser algo diferente do que é, rejeitando justamente o que precisa saber valorizar. Volte-se para sua *Referência de Origem*.
- ☑ Elimine o uso da palavra *Errado*. Por mais simples que isso pareça, vai fazê-o atrair prosperidade.
- ☑ Esteja aberto ao novo, permitindo-se aprender e deixar que tudo flua frente às novidades que aparecerão a todo instante.
- ☑ A culpa só pode ser atribuída, na visão do *Tudo Certo*, quando a pessoa, mesmo sabendo, resolve agir. Portanto, foi um ato deliberado.
- ☑ Avalie as ações das pessoas da sua vida como não propositais, porque não se tem certeza de que elas agiram com *Consciência*.
- ☑ Não polarize nem crie conflito de uma situação. E, principalmente, entre pessoas ao favorecer um lado em detrimento do outro. Não permita surgir uma manifestação contra a outra ao definir: *Certo* x *Errado* e *Bem* x *Mal*.

- ☑ Não leve as observações dos outros para o lado pessoal, como se tudo fosse contra você. Leve tudo como se estivesse a seu favor. Lembre-se de que caso venha a perder o controle, isso significa que o outro descobriu sem querer, não de propósito, e acertou na sua "ferida emocional" não curada do passado.
- ☑ O sofrimento dura até aceitá-lo. Aceite que terminou, que não vai mais ser possível, que acabou. Aceite que morreu e terminou o *Processo*. Lembre-se: *Tudo Certo* enquanto dura e *Tudo Certo* quando o *Processo* é finalizado.
- ☑ Olhe com os olhos de aceitação para tudo que faz parte do seu mundo, incluindo você mesmo, pois só depois da aceitação é que você estará aberto a novas oportunidades, a conhecer e se abrir para a transformação.
- ☑ O amor é a única via para se conseguir a plenitude. Por isso, não julgue nem feche os olhos pela indiferença, não condene nem reprove, não limite sua capacidade de amar.
- ☑ A indiferença é uma forma de discriminação e encerra em si o descaso. Cuidado com olhos que reprovam e desvalorizam, mesmo quando nada é dito. Pratique amor ao próximo; esse é um ato que não deve exigir seu esforço.
- ☑ O *Julgamento pelo Sentido* respeita o sentido existencial de tudo o que existe. Não atribua o mesmo sentido para coisas distintas, se são diferentes elas não possuem o mesmo sentido.
- ☑ Não considere o que não serve mais a você como ruim, mau, inútil ou péssimo. Essa é uma

perspectiva limitada de uma necessidade no momento presente. Respeite tudo o que existe.

☑ Não defina um acontecimento ou pessoa antes de conhecê-la. Ao emitir um parecer acerca de alguém, você já o está depreciando. Além disso, gera tensão que faz retrair a sua livre manifestação quando encontrar a pessoa.

☑ Não justifique transferindo a sua responsabilidade pelo resultado. Caso a *Ação* possua um intermediário, não transfira as culpas para outras pessoas. Saiba pedir desculpas e seja verdadeiro, pois quem justifica sua falha já assumiu que errou e está mentindo para si mesmo.

☑ O medo de ser rejeitado, incutido no *Inconsciente* coletivo, faz as pessoas ficarem sem conteúdo e superficiais. Expresse a sua verdade e seja *Consciente*, permita que outros o conheçam. Lembre-se: quem sabe amar nunca vai criticá-lo.

☑ Pela *Lei da Atração*, tudo que se atrai está *Certo*. A atração é criada a partir do que somos. Então, observe o que atrai como algo que está *Certo* para o que você é. Saiba perceber a mensagem intrínseca no *Processo*. Isso significa que você é igual ou é um aprendizado novo para poder adquirir conhecimento e consequentemente evolução para aprender, sair de onde está e deixar de ser vulnerável pela ausência do saber.

☑ Não subestime a inteligência alheia, porque o esperto pode virar tolo.

☑ Aprenda a questionar sem rejeitar.

☑ Todo o nível social, expressão e sexualidade estão *Certos* – ninguém é superior. Expanda a sua capacidade de amar e seja feliz.

- ☑ A vida apenas mostra e reverte para a pessoa aquilo que ela emana a partir de si mesma. .
- ☑ Comece a trabalhar o *Tudo Certo*, que em pouco tempo as circunstâncias, as pessoas e os contextos vão mudar em sua vida.

A Dinâmica do *Tudo Certo*, ao ser conduzida e aplicada na vida, trará alguns resultados. Esses vão permitir:

- ☑ Refletir sobre a mudança nos hábitos para gerar diferentes resultados. Quando queremos diferentes resultados temos que aceitar como *Certo* o que foi gerado por corresponder aos princípios do ato/ação.
- ☑ Considerar que não poderia ser diferente, que se agiu *Certo* de acordo com o conhecimento, e graças a esse resultado podemos avaliar a situação, adquirir o conhecimento por meio dela e aplicá-lo em uma nova experiência.
- ☑ Aceitar que nunca poderemos alterar o que aconteceu, mas que podemos pedir desculpas por termos sido o autor do ato que prejudicou a outra pessoa, pois isso nos torna responsáveis, mas não culpados, porque ao agir de maneira *Inconsciente* não sabíamos e não tínhamos como saber que prejudicaríamos algo ou alguém antes do acontecimento.
- ☑ Evoluir do desconhecido para o conhecido e em razão disso gerar resultados. Compreenda e aprenda a partir do ocorrido a não fazer novamente, principalmente se alterou a ordem e o equilíbrio, tanto o nosso como o dos outros.

Assim, vai despertar a *Consciência* sobre o *Ato e a Consequência.*

- ☑ Levar em consideração que a vida é feita de escolhas, tentativas e acertos, mas não existe a hipótese de tentativas e erros, porque todo resultado está *Certo.* É preciso continuar tentando ser persistente, mas também saber desistir quando é impossível por não corresponder ou estar em desacordo com o que se pretende.
- ☑ O que serve de referência para o outro deve ser respeitado e pertence aos envolvidos. Se não lhe diz respeito, respeite e não se meta aonde sua presença não faz parte. Quem se sente perturbado com o *Processo* do outro ou não o aceita cria somente problema para si mesmo.
- ☑ Perceber que na rejeição está a base de doenças psicossomáticas, como a depressão, que é a perda da vontade de viver, da motivação e do desejo de realização. Por isso aceite e aprenda a amar.
- ☑ Identificar que a rejeição e a exclusão estão fortemente presentes na sociedade e que precisam ser quebradas para romper com seus paradigmas, preconceitos, tabus, dogmas e condicionamentos que afetam a expressão e a liberdade de aprender a partir da aceitação e não por meio apenas da limitada rejeição.
- ☑ Trabalhar sempre a referência a partir da *Zona Neutra,* que é aquela que posiciona o observador de forma imparcial ao se avaliar qualquer tipo de interação envolvendo uma situação e um objeto/pessoa em questão. Isso facilita a compreensão e respeita a diversidade, pois considera o que se

compreende sem se colocar em oposição ao que estiver em desacordo com seu ponto de vista.

- ☑ Desenvolver a empatia ao observar qualquer situação, não criando oposição ao que for considerado antagônico a seu sentido existencial, pois as pessoas e as situações são específicas e incomparáveis por possuírem diferentes naturezas e propósitos. Assim, não se discrimina, não se cria uma relação de favorecimento de alguma coisa em detrimento de outra.
- ☑ Tudo o que existe possui valor e deve ser respeitado não apenas quando satisfaz aos interesses pessoais.
- ☑ O *Errado* não significa que algo não presta e que o *Certo* seria o melhor, porque não existe o melhor em contraposição a nada! Os valores são relativos e cabe a cada pessoa saber ampliar as suas percepções para não afetar o desenvolvimento de sua *Consciência* a respeito de tudo o que existe.
- ☑ Aceitar qualquer grupo e sua ideologia. As pessoas são livres para discriminarem, no entanto, afetam o equilíbrio e a ordem do outro, isso significa que o desrespeito provocado, a invasão e a interferência sem a permissão do outro são atos danosos, além de demonstrarem falta de educação. Portanto, não existe excelência sem respeito à ordem que equilibre o *Ato e a Consequência.*

O vício da cobrança, de reclamar constantemente, de demonstrar insatisfação, de achar que nada está bom, a antipatia e a rejeição movem as pessoas que se perderam na dualidade do *Certo* e do *Errado*. Fazem a pessoa perder a força de motivação pela vida. Cada um traça o curso de sua história e, seja ela qual for, não existe história igual a outra. Como também não há futuro igual; prevemos, mas nunca saberemos o que há de vir...

Enquanto houver simultaneamente escolhas pela vida e pela morte habitando o interior do ser humano ele ainda não atingiu a *Consciência* do amor em sua pura *Essência*. Até lá muitos *Certos* vão formar o caminho, servirão por algum tempo, mas não eternamente! O importante é continuar sempre, seguro, *Certo* e confiante de que seja qual for o resultado, esse estará *Tudo Certo*!

Para começar a empregar esse método em sua vida, comece um dia de cada vez, não tenha pressa, deixe tudo fluir naturalmente. Não há necessidade de cobrança em ver *Tudo Certo*, pois a minha proposta traz leveza e não exige esforço, porque significa deixar o peso de toda uma vida.

Ao aplicar a fórmula do *Tudo Certo*, primeiramente aceitamos o resultado obtido como *Certo*, consideramos que não poderia ter sido diferente. Avaliamos: o que está a mais, a menos, faltando ou precisa ser acrescentado. Você poderá, em uma próxima tentativa, ser mais amoroso, menos discriminativo, aumentar a tolerância e diminuir a rejeição para, assim, chegar à empatia e atingir um novo resultado a partir do conhecimento adquirido. Ao aplicar essa fórmula simples, estará receptivo e aberto a progredir gradativamente. Experimente um dia de cada vez... até que se firme o *Tudo Certo* em sua vida!

Então, concentre-se no bem-estar para estar bem. Viva em harmonia com a diversidade! Viva, agora, o *Tudo Certo*!

MENSAGEM FINAL

A paz está no silêncio, por isso procure seguir sereno em meio ao barulho e à pressa. Aprenda a fechar as portas por onde acabou de sair, não leve consigo todas as coisas que fazem parte de sua vida, porque isso gera peso e ansiedade.

Procure deixar cada experiência no espaço e no tempo em que se manifestou, para poder ficar receptivo às novas experiências. Só assim aprenderá mais e não se tornará uma presença desagradável. Estar integrado ao meio é estar aberto para receber as informações que esse local onde você está, neste momento, tem a oferecer.

Lembre-se de que uma pessoa interessante não fala dos seus problemas, porque isso denuncia sua insegurança. Perceba que não existe o problema, apenas a dúvida de se conseguir fluir pela experiência. Uma pessoa do bem percebe que as experiências estão apenas ensinando a rever e mudar seu comportamento perante a vida.

O quanto possível, sem se render, seja bom com todas as pessoas, mas não se deixe enganar com o que você deseja ouvir. Saiba perceber as intenções dos outros, porque, afinal, todo mundo só age por interesse. Avalie o interesse do outro para saber se é compatível com os seus interesses, para que, dessa forma, todos possam estar satisfeitos.

Sua satisfação é importante, por isso não deixe de ser você mesmo para tentar conseguir valorização e ser amado pelos outros. Observe que o outro pode se aproveitar de sua ingenuidade e da necessidade de receber de fora o amor e a valorização que não tem por si mesmo.

Valorize-se e ame-se pela sua diferença, não se compare aos outros, porque pode se sentir inferior e ficar azedo, doce demais para ser aceito ou vaidoso e prepotente se achar que é melhor que os outros.

Lembre-se de que ninguém é igual, portanto, todos são únicos e incomparáveis, e cada um vive a sua certeza, que é o melhor que cada um sabe fazer.

Lembre-se também de que você nasceu puro, verdadeiro, espontâneo e amoroso e a sociedade, a família, a religião e a política tentaram retirar isso de você. Por isso, liberte-se da necessidade de encontrar o que você já foi, retome sua originalidade e não se rejeite, tentando ser aceito por pessoas que podem não saber amar verdadeiramente.

Você nunca vai se encontrar nos outros, porque os outros servem apenas para expandir o que eles são, trocar a sua unidade para estabelecer um vínculo.

Toda relação precisa ter o seu eu e o eu do outro para formar o nós, que é a união das diferenças presentes em cada um, em harmonia com o eu individual; por isso, não viva só para os outros, porque um dia você pode sentir a falta de você mesmo por não ter incluído o seu eu nas relações com os outros. Se isso acontecer, não cobre do outro, lembre-se de que a escolha foi sua de anular seu eu e que o outro não é responsável por isso.

Fale baixo e claramente a sua verdade. Escute os outros, sem distinção. Lembre-se de que as pessoas menos afortunadas também têm sua história para contar.

Evite pessoas barulhentas e agressivas. Elas são uma ofensa à paz de espírito. É a natureza inferior que atenta incessantemente o homem e o torna egoísta, invejoso, vingativo e mau. Essas são atitudes de pessoas que não possuem excelência, só poluem e são vulgares.

Tenha prazer pelas suas conquistas, faça planos de vida e mantenha o interesse em ser útil na vida, só assim você sentirá a satisfação de existir e perceberá que é em meio aos tropeços que se aprende a reconstruir, a se levantar e a desenvolver uma nova base de segurança.

Não endeuse ninguém, nem o dinheiro, porque esse aprisionamento fará você perdê-lo para ficar livre novamente. Mantenha uma relação saudável com o seu meio para poder usufruir do melhor da vida.

Exerça a precaução em suas investidas, principalmente se uma mudança se faz necessária. Lembre-se de que tudo está em transformação constante e confie no universo, porque ele sempre lhe dá a base para você se movimentar.

Existe sempre um aprendizado em tudo em que o ser humano se envolve, mas fique atento às trapaças dos que utilizam a inteligência para o *Mal*. Eles estão desesperados e perdidos nas trevas da sua ignorância.

Permita que as coisas aconteçam e mantenha sua liberdade, porque uma pessoa sem liberdade sente a vida azeda.

Não seja cínico em suas relações amorosas e aprenda a aceitar o outro como ele realmente é. Lembre-se de que todos gostam de ser amados e aceitos e se a pessoa não corresponde ao que você deseja, resta apenas desistir para não transformar o amor em ódio.

Seja gentil, flexível e jovial para que sua vida seja abundante e próspera. Aprecie suas conquistas e observe-se para não ficar viciado na conquista como forma de perceber seu valor.

Demonstre gratidão, reconhecendo o sentido e o propósito de tudo o que faz parte da sua vida. O merecimento é a prova da sua devoção por aquilo que ama, por isso não desista de querer o seu melhor, porque assim você desenvolverá habilidade e talento na condução de si mesmo.

Seja disciplinado para manter o foco em suas conquistas, com rigor e autocontrole. Perceba que o conhecimento o torna seguro, por isso aprenda que não existe o difícil, mas sim a falta de habilidade.

Seja gentil e amoroso, porque, afinal, você está na vida para se conhecer e se tornar mestre na condução de si mesmo.

Transforme o seu mundo em uma atitude doce e saudável, mantendo pensamentos positivos. Não se deixe contaminar com o que os negativos falam; você não precisa concordar com tudo para ser aceito.

Uma pessoa verdadeira sempre terá oportunidades melhores. Ame tudo e aceite tudo que faz parte da sua vida, porque só com a aceitação você vai poder ver e depois mudar. Ninguém consegue se relacionar de forma positiva com o que rejeita. Essa atitude positiva vai mudar sua vida.

Nós é que criamos a nossa realidade; por isso, mesmo que a sua realidade não seja a que você quer, é bem melhor não ficar contaminando tudo com veneno emocional, porque isso só fará com que você se contamine.

Seja impecável com sua palavra. Use o poder de sua palavra na direção da verdade e do amor.

Procure entender que as observações que os outros fazem podem não ter a ver com você, por isso, não leve para lado pessoal, para não entrar em atitude de defesa.

Tente eliminar de sua vida o seu sentimento de vítima, sua atitude de réu, que leva você à culpa. E retire o seu juiz interno, que está sempre querendo fazer você ou alguém de réu ou de vítima. Você só receberá a ideia negativa se sua mente for um lugar fértil para essa ideia germinar.

Você pode saber o quanto você é impecável sem pecado, com sua palavra de acordo com seu amor-próprio. Quando você ama a si mesmo, suas palavras serão de paz e as suas atitudes serão de quem está de bem com a vida. Cabe a você mesmo decidir.

Então diga a si mesmo o quanto você é maravilhoso. Faça com que isso seja uma verdade, um compromisso em sua vida. Sempre dê o melhor de si em tudo o que fizer. E se não sair como você quis, na próxima vez tente fazer melhor. Não deixe o juiz voltar.

Quanto mais pleno você estiver naquilo que realiza, melhor será o resultado.

Perceba que todas as experiências vividas fazem parte do seu Processo.

Lembre-se de considerá-las de acordo com o seu aprendizado. Agradeça a cumplicidade, perdoe, aceite a tudo e a todos.

Eu sou puro, perfeito, amoroso, espontâneo e livre.

Eu sou Tudo Certo!

AGRADECIMENTOS

Agradeço ao universo pela oportunidade de servir à humanidade por meio do que realizo. Gratidão pela vida que me proporcionou a aventura de aprender com ela. Em especial, a Elia Florêncio, minha mãe, guerreira e eterna apoiadora das minhas aventuras. A Maria Otília Florêncio Casagrande, minha irmã e companheira de jornada e processo, por seu amor, sua dedicação e lealdade.

Aos meus avós Lídio Florêncio e Otília Luchtemberg Florêncio, os quais sempre considerei como pais, e a todas as pessoas com quem tive o privilégio de compartilhar os momentos da minha vida.

Aos meus clientes, pois graças a eles pude fazer o meu estudo para chegar até a criação do conceito *Tudo Certo*.

Agradeço a todos que conseguirem entender que o propósito deste livro é apenas aprender a amar incondicionalmente.

TEORIA *TUDO CERTO*

No universo e na natureza existe o É, que está sempre **Certo** ***e o*** **Errado***, que não é, não existe.*

A Teoria *Tudo Certo* é uma vertente filosófica que rejeita a existência de conceitos errados, argumentando que cada definição depende do julgamento, verdade e perspectiva de cada indivíduo.

Essa filosofia busca resgatar o amor corrompido pelo sistema social, o qual leva a conflitos, guerras e segregação.

A teoria identifica a origem da discriminação no padrão *Inconsciente* transmitido de geração em geração, impedindo a evolução para uma sociedade mais justa e equilibrada.

A CORRENTE FILOSÓFICA DO *TUDO CERTO!*

Essa corrente filosófica afirma que o ser humano é um *Processo* contínuo de transição do desconhecido para o conhecido, da *Inconsciência* para a *Consciência*. Ela reconhece a responsabilidade individual nas ações e resultados, porém libera o indivíduo da culpa, considerando a existência de vulnerabilidade devido à falta de conhecimento. O conceito de *Tudo Certo!* afirma que todo efeito e causa já estão pré-definidos desde sua origem. A verdade no ser humano é vista como algo em constante mudança.

O MOVIMENTO *TUDO CERTO!*

O Movimento *Tudo Certo!* promove o verdadeiro amor ao abolir divergências causadoras de rejeição e desrespeito. Respeita todas as formas e gêneros de existência, não fazendo distinção entre superior ou inferior.

A filosofia *Tudo Certo!* não julga para evitar opressão, repressão e conflito. Em vez disso, incentiva a compreensão, solidariedade e compaixão, reconhecendo que cada indivíduo está em constante evolução e possui sua própria verdade.

A empatia e a valorização da individualidade são valores essenciais nesse movimento.

OBRAS DO AUTOR

CDs Coleção Energia

Equilibrium, *Energia Violeta*, *Energia Rosa* e *Energia Verde*

CDs Wave Collection

White Wave, *Pink Wave* e *Violet Wave*